中华历史小丛书

西汉朝廷『大洗牌』

汉文帝入继大统前后的政治博弈

孙家洲 著

中国人民大学出版社
· 北京 ·

目　录

引言　波谲云诡的政局

中国古代的皇帝，在位之时，都以“真龙天子”自居，而后人给他们的历史评价，真是林林总总。有“圣君”“明君”“雄主”，也有“昏君”“暴主”，其实，更多的大概还是“庸主”。历史人物的评价，往往是见仁见智，很难做出定论。生活中的每个人，都有不同的侧面存在，皇帝更是如此。自古以来就有“盖棺论定”的说法，这里本来就涉及评价人物的难度问题，但是，还有更重要的一个侧面，那就是，“盖棺”之后，依然无法做出历史的定评。譬如说，秦始皇的身前身后，对他的评价一直存在着巨大的差异。明代的“异端思想家”李贽，在评价诸多历史人物时，大多以居高临下之势任意褒贬，但是，涉及对秦始皇的评价，他却尽收狂傲之气，以“是圣是魔，未可轻议”来表达他的审慎。其实，这种审慎的背后，潜藏着的是一种敬畏——对评价历史人物之难的敬畏。

唐朝诗人许浑《途经秦始皇墓》一诗，广为人知、发人深省。

诗曰:“龙盘虎踞树层层，势入浮云亦是崩。一种青山秋草里，路人唯拜汉文陵。”(《全唐诗》卷五三八)这首咏史诗，以对比的方法，表达了对两位知名的皇帝的抑扬评价。诗人对强势残暴的秦始皇表达的是愤恨与不屑，而对低调谦和的汉文帝则充满了敬重与怀念。我之所以把这首诗引用在这里，不仅因为与这本小书的内容直接相关，而且因为它触动了我所关注的一个问题——评价历史人物，与其重视由官方主持兴建的雄伟壮观的陵墓，不如重视历代口耳相传的民间舆论。不排斥各个时代的民间舆论在形成和传播的过程中也有官方因素的影响存在，但是，民间舆论在长期的流传过程中，往往存在一种“自我净化”机制——可以流传后世的东西，要符合“人性”与“人之常情”的检验，依靠政治威势强制推行的某些说法，往往会随着时间的推移而被淡化和淘汰。

“公道自在人心”与“历史是无情的”，在这个节点上，是相互契合的。

公元前 179 年，西汉的都城长安，陷入了一场血腥的宫廷军事政变。在这场政变的过程中，功臣集团的首要人物周勃，在陈平等人的协助之下，动用了非常手段，控制了中央禁卫军的核心部队北军，在宫廷核心区域排兵布阵，诛杀政敌，导致已故太后吕雉安排的政治格局被彻底推翻，分掌朝廷文武大权的吕氏外戚集团的首要人物吕产、吕禄被杀，一度掌控朝廷实权的吕氏外戚集团被灭族，此前由吕太后所册立的小皇帝先被幽禁、后被杀害。从事变的性质而言，这绝对是一场标准的宫廷军事政变。但是，由于这场军事政变得到了开国功臣集团和刘氏宗室集团的拥护，政变的发动者得以迅速掌控大局，根据“历史是由胜利者书写”的常规，这场事变的“宫廷军事政变”的本质被刻意淡化了，并被美化为“诸老安刘”。

这场宫廷军事政变的直接受益者，就是汉文帝刘恒。尽管他是汉高祖刘邦的儿子，但在事变发生之前，他是远离政治中枢的代王，高层如果没有政治巨变发生，他根本没有入朝做皇帝的可能性。在事变之后，他被发动政变的朝廷大臣选中而被推举为皇帝。由坐镇边缘地带的藩王而入朝当上皇帝，在古代有个专门术语“入继大统”，总是带有几分侥幸。从这个意义上说来，汉文帝刘恒是“坐享其成”之人。当然，如果当上了皇帝的刘恒很不成气候，把天下治乱了，他自己的结局如何暂且不论，发动政变的大臣们，在历史的评价上，也会陷入尴尬的境地。就此而言，大臣们应该感谢上苍，也该感谢汉文帝，他们拥戴而选定的这位新皇帝，成为中国历史上有数的几位“明君”之一，开启了著名的“文景之治”的局面。

西汉前期的历史（起于汉高祖开国，止于“文景之治”）不过数十年，却开创了两个“历史纪录”。其一，刘邦以布衣之身，“提三尺剑取天下"，成为开国之君，汉初的政局被称为"布衣卿相"。其实就"出身"而论，天子何尝不是布衣？这与此前夏商周秦等历代王朝都是由贵族统治的格局大大不同。天子，不必只有贵族才可以出任。其二，自周勃等人发动宫廷军事政变到汉文帝"入继大统"，又开创了在一姓王朝统治期间，天子位置可以依靠军事暴力和政治手段强取豪夺的成功先例。新君继位不必经由上一代君王钦定，只要运作成功，原本无望继位的人可以堂而皇之地君临天下；而已经登基在位的皇帝也可以以种种借口被推翻和杀害。这就使得原本笼罩在天子宝座之上的神圣性和神秘性大为褪色。这种新的历史成例对后世政治史的影响力之大，怎样估计都不嫌其高。看明白了这一层，就可以理解登基之后的汉文帝为何对拥戴他"入继大统"的功臣集团和宗室集团的首要人物，猜忌和防范之心特重。

汉文帝继位前后这段历史，波谲云诡，充满着各种政治力量的反复博弈，导致了朝廷高层的"大洗牌"。想要了解这个过程的奥妙之处，有几个历史细节要加以梳理：

其一，这场宫廷军事政变发生的背景是什么？

其二，发动政变的大臣选定新皇帝的依据何在？

其三，新皇帝即位之后是如何以高明的手段，来处理纷纭复杂的政治关系，特别是如何有效管控推举他上位的大臣们的？他是如何迅速摆脱受人控制的地位，以至于让那些决策拥戴他的大臣们大感意外的？

其四，发动政变又决策拥立代王的周勃，很快被新皇帝控制以至于下狱，他的心中是否有“悔不当初”之感？

力图说清楚这四个问题，就是这本小书的基本思路。

关于本书讨论的历史断限，说明如下：上起汉高帝十二年（前195）。这应该是刘邦与群臣发起“白马之盟”的时间（异姓功臣王英布被迫造反，刘邦以暮年亲征，英布战败而死是在这一年，刘邦在回军途中路过故乡沛县，与父老乡亲纵酒而作《大风歌》，也在此年）。本书讨论重点问题之一的“诛吕之役”之所以出现，与吕太后强行破坏汉高帝晚年的“白马之盟”直接相关，所以我以这个年份做叙事的正式起点。但是，涉及汉初功臣、外戚、宗室三大集团之间的制衡关系，形成的时间跨度很大，在行文中有针对性地追溯到稍早的人事关系。下至汉文帝六年（前174）。之所以截止到这个年份，有三个考虑：其一，发动“诛吕之役”的关键人物周勃、陈平、灌婴、刘章，至此或死或被抑制，都退出了历史舞台，正是他们当年发动的宫廷军事政变，直接为汉文帝“入继大统”奠定了基础。其二，“诛吕之役”大功告成之后，在群臣推举帝位候选人过程中曾经被列为选择对象的齐王刘襄、淮南王刘长两位宗室成员，至此完全被排斥出政治中心，并且先后去世，汉文帝“入继大统”的过程圆满结束。其三，此时汉文帝的理政风格基本形成，他作为“明君”的政治形象成功树立，被后世赞誉不已的“文景之治”的根基得以奠定。纵览这二十多年的历史风云，真是变幻莫测。除了惊心动魄之外，耐人寻味之处很多。

让我们一起揭开这段充满了梦幻和诡异色彩的历史帷幕，去探索历史记事中隐含的真相和奥秘，去分析政治巨变过程中的细节和无奈，去体悟统治高层人物在成功与失败背后的权谋和人性。

一、惊心动魄:“入继大统”风云路

1.“白马之盟”的背景和防范对象

要破解吕太后辞世后不久就发生的这场宫廷军事政变和大臣推举新皇帝的历史奥妙，就必须从汉高祖的晚年开始说起。

汉高祖刘邦在取得了战胜项羽的胜利之后，成为西汉王朝的开国皇帝。为了巩固天下统一的局面，他无疑费尽了心神和体力。汉高祖刘邦不得不面对三大政治集团，怎样协调和处理它们之间的关系，一直是个棘手的问题。这个问题一直延续到吕太后当政时期，矛盾不仅依旧存在，而且还在激化。这也是吕太后逝世后不久,就出现宫廷军事政变,朝廷高层出现“大洗牌”的内在原因。

这三大政治集团是：开国功臣集团，吕氏外戚集团，刘氏宗室集团。

开国功臣集团，是刘邦当年参与反秦军事斗争，尤其是与项羽争夺天下的主要依靠力量，其中有的人，本来不是刘邦的部属而是他的盟友。假如没有这个集团的鼎力相助，刘邦根本不可能战胜强敌而成为天下之主。对此，刘邦心知肚明。但是，刘邦在当上了皇帝之后，却又担心这个集团的某些人对他不是真心归附和效忠，甚至担忧有人会成为他潜在的对手，于是，对这个集团，既要安抚和笼络，又要防范和镇压。

刘邦以封爵为标志，把功臣集团划分为“王”“侯”两个等级。“王”就是“诸侯王”，受封者，是齐王（后徙封楚王）韩信、淮南王英布、昌邑王彭越等七位最高等级的功臣，被泛称为“异姓功臣王”。“侯”又分为“彻侯”（后改为“通侯”或“列侯”）和“关内侯”两个等级。刘邦在开国之初封拜的是十八位侯，其中最为著名的有萧何、曹参、周勃、樊哙等人。（根据《汉书·高惠高后文功臣表》唐代学者颜师古的注释，十八位受封为列侯的功臣是：“萧何、曹参、张敖、周勃、樊哙、郦商、奚涓、夏侯婴、灌婴、傅宽、靳歙、王陵、陈武、王吸、薛欧、周昌、丁复、虫达，从第一至十八也。”）刘邦为了安抚和笼络功臣集团的这批成员，除了封官拜爵之外，还曾经以“封爵之誓”加以强调和保证。史称：“天下乃平，始论功而定封。……大侯不过万家，小者五六百户。封爵之誓曰：‘使黄河如带，泰山若厉，国以永存，爰及苗裔。’”（《汉书·高惠高后文功臣表》。本书所引《史记》《汉书》等，或翻译或直引，下不一一注明。）这个誓言的大意是：“即便是浩荡黄河变得如同衣带一般细小，巍峨泰山变得如同磨刀石一般低矮，朝廷都保证你们的封国永久存在，延续到你们的后世子孙。"誓言把皇帝优遇功臣的意思表达得很真诚，令人动容。至于刘邦是否真的按照誓约来保证功臣集团的成员久享封国之利，不久之后的事变做了反向的证明：七位"异姓功臣王"，除了长沙王吴芮"以微弱仅存"之外，韩信等六位大功臣，都被诛杀。在收拾这批"异姓功臣王"的过程中，刘邦曾经借用吕后和外戚集团的力量为其助手。

开国功臣集团的成员，在"异姓功臣王"被朝廷处置、第一批受封的"功臣侯"中的萧何、曹参、张敖逝世之后，原来位居第四的周勃，就成了功臣集团的首要人物。对此，吕太后懂得，所以她对周勃虽有疑忌之心，却不得不重用他——尽管后来限制他不得进入北军营垒，却必须任命他做太尉，也就是担任最高的武职长官，架空归架空，这个名分却必须归他。同属功臣集团的智者陆贾和陈平，也懂得这个道理，所以，陆贾建议陈平主动结好周勃，从而形成了功臣集团中文武两大首领的和衷共济关系，为吕太后逝世后以武力手段解决吕氏外戚集团奠定了基础。此为后话。

开国功臣集团中，还有一位在关键时刻发挥了特殊作用的人物——灌婴，值得研究这段历史的人给予高度关注。他是早期追随刘邦的人，应该属于刘邦的心腹，也是刘邦开国后所定的十八位功臣侯之一。后来在平定诸吕的过程中，灌婴起了非常特殊的作用。从“诛吕安刘”全过程来分析，灌婴应该是功臣集团周勃、陈平等安置在吕氏集团内部的“卧底”。他平时一定是以亲附吕氏的面目出现，造成吕太后对他没有猜忌之意，后来更博得了吕产和吕禄的完全信任，在政治斗争的关键时刻，放手让他统领雄兵出镇荥阳，结果成为雄踞战略要地、操控全国大局的特殊人物。（王鸣盛:《十七史商榷》卷三“灌婴于平诸吕为有功”条）如果我们再进一步观察，可以得出结论：不仅吕氏之灭与灌婴有关，而且齐王刘襄举兵向阙争夺天子之位的战略意图无法实现也与灌婴有关。

吕氏外戚集团的首要人物，自然是皇后吕雉。《史记·吕太后本纪》明确记载:“吕后为人刚毅，佐高祖定天下，所诛大臣多吕后力。”在楚汉之争的第一场大战彭城之战中，刘邦大败，其妻子和父亲都被项羽俘获而为人质，直到楚汉议定以鸿沟为界中分天下，吕雉才被项羽如约释放。此后不久，项羽就兵败垓下而覆灭了。因此，所谓的“佐高祖定天下”就是特指吕后辅佐刘邦诛杀功臣而言，而与楚汉之争无关。吕氏外戚之所以在汉初就成为有实力的政治集团，除了吕雉本人的地位和能量之外，她的三个至亲起了很大的作用。吕雉的两位兄长都以列将的身份，跟随刘邦参与征伐。长兄吕泽战死，后来被追封为周吕侯（这个封号有明显的政治褒奖色彩），他的两个儿子受封为侯：吕台为郦侯，吕产为交侯。次兄吕释之为建成侯。其弟吕禄，吕后晚年官居将军，执掌军事大权。也就是说，汉高祖刘邦在世时，吕氏已经有三位在世者吕释之、吕台、吕产（吕后晚年受封为相国，执掌政务大权）被实封为侯。吕雉还有一位妹妹吕嬃，与其姐姐一样，很有政治见识和能量，以至于在刘邦逝世、吕雉当政之时，功臣集团的智者陈平也对她心存忌惮。其后，假如吕禄听从吕嬃的警告，周勃与陈平甚至没有发动军事政变的机会。吕嬃还有一个值得我们注意的背景：她的丈夫是樊哙。在刘邦嫡系部属内，樊哙是公认的第一猛将。以上所述吕雉及其兄弟、妹妹和妹夫，构成了汉高祖时期吕氏外戚集团的核心成员。后来，吕雉以太后身份而垄断朝廷大权的时候，其侄辈之中有多人受封为王、侯，得到重用，掌控军政实权（见后述），吕氏集团的实力由此而继续扩张。

在吕太后控制汉朝廷之后，吕氏集团核心成员中，还增加了一位名声不佳的特殊人物——辟阳侯审食其。他原本是早期追随刘邦起兵的老部下，但更重要的身份是吕太后的私人亲信。在吕太后弄权的敏感时期，他被破格提拔为左丞相（见后述），在当时的政局中，是有实际影响力的人物。姑且不深究审食其是不是吕太后的男宠，仅就他得到吕太后完全信任而言，这位左丞相审食其虽然也带有“开国功臣”的光环，实际上却是令吕氏外戚集团放心、倚重的人物。

纵观上述吕氏集团核心成员的构成，结论很明显：其政治能量之大，不容低估。

吕氏集团的影响力，还在于其有“外围组织”——在刘邦的功臣集团内，有几位和吕氏集团有着明显的私交关系。略举几位为例，加以说明。其一，张良，是汉高祖刘邦的首席智囊，一直对吕后很尊敬。当吕后意识到她所生的刘盈太子地位不稳之时，就曾经向张良求教保位之策，张良献策礼聘“商山四皓”，成为保住太子之位的关键举措。而且，张良的儿子张辟彊，与吕氏集团的关系更为密切，在关键时刻曾经为吕氏实力坐大出谋划策，奔走效力。其二，郦商，是高祖所定的十八位功臣侯之一，为人持重而多智，在关键时刻也是在吕后面前可以说私密话语的人。郦商之子郦寄，是后期吕氏集团核心人物吕禄的密友。后来，周勃、陈平在发动宫廷军事政变时，还曾经利用了这层关系，以劫持郦商为人质的特殊手段，威逼利诱郦寄游说吕禄交出北军的军事指挥之权，导演了一出“郦寄卖友”的好戏，成为解除吕氏武装力量的关键所在。其三，周昌，身居御史大夫高位，不见得是有意投靠吕氏集团，但是为了保住刘盈的太子地位，他曾经极力进谏刘邦，自然也被吕雉视为“自己人”。其四，叔孙通所代表的在朝"名士"一流人物，虽然在高层的内斗中没有武力可用，但是，在制造太子之位不可动摇的政治舆论时，则有大用。吕后自然会刻意笼络。

综上所述，吕氏外戚集团势力之强大，如果把核心人物和外围圈子叠加，再加上"皇后之威""太子之位"的特殊因素，确实令人咋舌不已！

刘氏宗室集团成员，是汉家王朝当之无愧的"主人"。刘邦在建国之后不久，特别是在铲除异姓功臣诸侯王的过程中，册封了一批刘氏宗室成员为王为侯，有效地扩大了刘氏宗室的政治势力。但是，刘邦逝世之后，在吕太后掌控朝政的过程中，刘氏王侯中的一部分人被废被杀，使得刘氏宗亲的势力被削弱。当然，政治运作有其复杂性，吕太后当政时期也曾新封刘氏宗室子弟为王为侯，主要是要营造刘氏与吕氏共治、共享天下的气氛。

刘邦的儿孙受封为王侯的基本情况如下。

汉高祖刘邦一共有八个儿子：吕后生刘盈，继位为惠帝；曹夫人生刘肥，受封为齐王（谥号"悼惠"）；薄姬生刘恒，受封为代王，后"入继大统"为皇帝，也就是本书的研究对象孝文帝；戚夫人生刘如意，受封为赵王（谥号"隐"）；赵姬生刘长，受封为淮南王（谥号"厉"）；其余诸姬所生的还有刘友（赵幽王）、刘恢（赵共王）、刘建（燕灵王）。帝王的谥号，本来就有"美谥"

与“恶谥”之分，由上述诸位的谥号来看，刘邦的八个儿子，除了两位登基称帝者之外，只有赵共王刘恢的谥号还稍有一点体面，其余五位皇子的谥号都属恶谥或者带有贬义（如“悼惠”），这从一个侧面可以佐证汉朝廷与诸侯王关系之紧张，更体现出吕太后当政时期刘、吕两姓之间错综复杂的激烈斗争。从曾经受封为诸侯王的七位皇子的阅历而言，如果要研究刘氏宗室王的政治作为，我们应该关注的无疑是其中的三位：齐悼惠王刘肥、代王刘恒（汉文帝）、淮南厉王刘长。

齐王刘肥，其母是汉高祖刘邦未发达之前的“外妇”。刘肥年长于汉惠帝，高祖六年（前 201）受封于齐，封地七十余城，而且“诸民能齐言者皆与齐”，齐是当时最大的诸侯国。刘邦对庶长子的格外照顾，导致吕后不满。惠帝二年（前 193），刘肥入朝。以宽厚待人的惠帝，在宫中设宴以招待齐王。吕太后在场，发现惠帝安排的座位不从君臣之礼，而如家人之礼，以兄弟年齿排序，齐王居上座。齐王当时没有意识到这个排序的含义，也就没有表示谦让而守君臣之礼。吕太后怒，居然令人斟两杯毒酒于案前，意在当场毒死齐王。幸得惠帝在场同步敬酒，吕太后怕误伤爱子，才有临时换杯的反常之举。齐王刘肥由此发现异常，不敢再饮，佯醉而去。事后侦知席间确实备有毒酒之后，刘肥很为自身安全而担忧。为了自保，刘肥采用了智者的建议，“自动”献上城阳一郡之地给吕太后所生的鲁元公主为“汤沐邑”，并且他还有一个“自媚”的举动：尊鲁元公主为齐王太后。这是一种很反常的自请，从齐王刘肥与鲁元公主的血亲关系而言，本来是兄妹，现在刘肥却自请以待母之礼敬事鲁元公主，无疑是对吕太后完全归顺、依附的姿态。吕太后当然是“喜而许之”。齐王刘肥因此而得以平安归国。研究这个阶段的诸侯国问题，之所以必须关注齐国，除了上述刘肥的“历险”与“自媚与自救”之外，更重要的是因为他的儿子中，先后有九位封王：太子刘襄为齐哀王，次子刘章为城阳景王，刘兴居为济北王，上述三位是代表宗室力量发动和参与“灭诸吕”政变的重要人物，详见后述。此外，还有刘将闾后来受封为齐王，刘志为济北王，刘辟光为济南王，刘贤为菑川王，刘印为胶西王，刘雄渠为胶东王。在汉景帝初年爆发的“吴楚七国叛乱”，就有齐王刘肥的四个儿子直接参与其中，他们是济南王刘辟光、菑川王刘贤、胶西王刘印、胶东王刘雄渠。另外齐王刘将闾、济北王刘志两位，其实也曾经在不同阶段与叛乱者有不同程度的接触，后来转变为据城自守。在平定叛乱之后不久齐王刘将闾畏罪而自杀，只是由于汉景帝不希望再扩大被惩治的藩王范围，才不再追究其事，还给了刘将闾一个“齐孝王”的美谥。至于为何刘肥的儿子会“大面积”卷入“吴楚七国叛乱”之中，肯定与汉文帝有意贬抑刘肥的后代有关。此为后话。

代王刘恒（汉文帝）、淮南厉王刘长两位皇子，受封后政治命运的不同走向，是本书要详细解读的内容，详见后述。

刘邦的兄弟子侄受封为王侯的基本情况如下。

刘邦的兄弟共有四人，刘邦是老三，其大哥刘伯去世较早，大嫂因为看不惯刘邦的“江湖气”而与他关系很不和谐。刘邦时常带领一帮宾客到大嫂家中蹭饭吃，某日，刘邦故技重演，这位大嫂在烦恼之下，用炊具敲击锅底，做出锅中的饭已经吃完的假象，刘邦的宾客们只好讪讪离去。宾客们离去后，刘邦却发现锅中还有余羹，由此而怨恨其大嫂。等到刘邦开国为帝，分封昆弟，刘伯的儿子却迟迟不得封爵。刘邦的父亲以太上皇的身份出面过问，刘邦回答:“某非忘封之也，为其母不长者耳。”于是乃封他大哥的儿子刘信为“羹颉侯”。这个封号很奇特，后世治史者大多把这个“羹颉”当作一种含有贬义的名词来看待,多推论与“敲击锅底”有关。也就是刘邦不得不封这位侄子为侯，却用含义特殊的爵号来表达对其大嫂的记恨之心。(最近史杰鹏先生著文《“羹颉侯”是个侮辱性的称号吗？》，对前人之说提出质疑。因为这个新说对本文观点不构成重大关涉，此处不予展开。）这位羹颉侯刘信于高祖七年（前 200）受封，十三年之后，在吕太后元年（前 187）被治罪，削爵一级，由列侯降为关内侯。(《史记·楚元王世家》)

刘邦的二哥是刘仲。这位皇兄实在是没有本事，楚汉之争中全然不见他发挥作用。开国之后，刘邦于七年（前 200）加封刘仲为代王。后来匈奴攻代，刘仲不能坚守，弃国逃亡，只顾自己保命跑回了洛阳，随即向朝廷报到。刘邦因为他是亲兄长，不忍心依法惩治，就废去了刘仲的封王，降爵为郃阳侯。就是如此窝囊的刘仲，却有一位“敢作敢当”的儿子，就是后来受封为吴王的刘濞。高帝十一年（前 196）秋，淮南王英布起兵反叛，高帝亲自领兵征讨平叛。得知刘仲之子沛侯刘濞参战有功，恰好当时的荆王刘贾被英布所杀，“上患吴、会稽轻悍，无壮王以填之，诸子少，乃立濞于沛为吴王”，封国面积很大，“王三郡五十三城”，是东南大国。在封拜仪式结束之后，高帝刘邦仔细观察刘濞的面相，却说了很神秘莫测的一句话，他说刘濞面有反相。刘邦对封刘濞为吴王心生反悔之意，但是又不好收回君命，只好手拊其背，殷殷叮嘱:“汉后五十年东南有乱者，岂若邪？然天下同姓为一家也，慎无反！”(《史记·吴王濞列传》)透过这段充满神秘之感的刘邦“先知”，后世读者看到的是刘邦“天下同姓为一家”的心态，由此可见，他是多么希望受封为王侯的刘氏宗室成员都充当拱卫汉家朝廷的藩篱。但是，这种依靠血缘关系而维系政治秩序的愿望，在现实利益的争夺中，只能落空。就是这位刘濞，成为景帝初年“吴楚七国叛乱”的第一位叛首。

刘邦的四弟是刘交。（刘邦的父亲共有四子，前三位的名字以伯、仲、季为序，唯独小儿子刘交的名字不在兄弟排行的序列中，不知有何讲究？）高祖六年（前 201），在诱擒楚王韩信之后，刘邦封四弟刘交为楚王，都彭城。韩信的楚国变为刘交的楚国，无疑是以个案的方式，显示了刘邦以同姓宗室王取代异姓功臣王的刻意布局。刘交在位二十三年逝世，恰巧在文帝元年（前 179）。其子刘郢客继立。从后来得“夷王”的恶谥而推测，他的政治表现也不令朝廷满意。夷王之子刘戊继立为楚王。这位就是景帝初年“吴楚七国叛乱”的第二位叛首。

由刘邦的兄弟和亲侄受封者的实际情况来看，他们没有对维护刘氏天下做出应有的贡献，却成为无能者，甚至是大规模叛乱的发动者。就此而言，刘邦以同姓构筑统治主体的设想，在他身后就受到了挑战与冲击。

除了兄弟诸侄之外，为了壮大刘氏宗室的力量，刘邦还把同宗兄弟二人加封为诸侯王，这就是刘贾和刘泽。

刘贾，是刘邦的堂兄。汉元年（前 206），在重新夺占关中、还定三秦的战役中，刘贾已经是汉营的战将，参与了攻打塞王司马欣的战斗而立功，随后参与了东击项羽的苦战。在刘邦与项羽对峙于成皋作拉锯战时，刘贾多次率军深入敌后，“入楚地，烧其积聚”，以游击战的方式，破坏项羽的后方稳定和军粮供应。在楚汉决战之前，刘贾又成功地招降了项楚的大司马周殷。周殷反楚，导致项羽丧失根本之地。在周殷的帮助之下，刘贾攻占九江郡，与另外一位楚地骁将英布会师，共同参与了垓下之战，是消灭项籍的有功之臣。刘邦又指令刘贾统领九江的军队，与太尉卢绾共同指挥了向西南进兵、攻打临江国的统一之战。夺占临江后，汉设南郡。客观地说，在刘氏同宗的范围内，于楚汉之争中建立军功的人物，首推刘贾。在这个大背景之下，刘邦重赏刘贾自然有其道理。"贾既有功，而高祖子弱，昆弟少，又不贤，欲王同姓以填（镇）天下"，刘邦于是下诏曰："将军刘贾有功，及择子弟可以为王者。"在群臣共议后，刘邦立刘贾为荆王。六年之后，淮南王英布被逼举兵反，东击荆国。刘贾迎战，战败而逃亡，随即被英布的部下所杀。刘贾成为西汉开国之后，为了拱卫朝廷而战死的唯一的宗室诸侯王。(《汉书·荆燕吴传》)

刘泽，是汉高祖刘邦的同宗族弟。较早参加了刘邦集团的活动，高祖三年（前204），刘泽就有了郎中的身份。十一年（前196），刘泽以将军的身份参加了平定陈豨叛乱的战役，因功受封为营陵侯。吕太后当政时，刘泽得到齐人田生的鼎力相助，巧妙地周旋于吕氏外戚集团和功臣集团、宗室集团之间，尤其是助成吕产封王一事，迎合了吕太后的心意，获得了她的赏识和信任，再加之，吕太后的妹妹吕媭的女儿嫁刘泽为妻，与吕氏集团有直接的姻亲关系，因此，吕太后遂立刘泽为琅邪王。刘泽做琅邪王不过二年，吕太后逝世，刘泽被齐王刘襄设计裹挟，参与了宗室和功臣两大集团联手诛灭诸吕的事变。在议立新皇帝的过程中，琅邪王刘泽不满意于齐王刘襄，从而力主拥立代王。在这个复杂的决策过程中，刘泽以最年长的刘氏宗亲身份出面说话，自有其影响力。就此而言，在诛灭诸吕、迎立文帝的大变局中，刘泽是全程参与者。(《汉书·荆燕吴传》)刘泽本来处于边缘地位，远离政治中枢，在时局大变之时，他却巧用政治智慧，不仅自保有余，而且显示其不容低估的参与决策的作用。就此而言，刘泽是当时宗室成员中堪称高明的一位，似乎有“不倒翁”的嫌疑。其间的细情，详见后述。

《汉书》的作者班固，在总结汉初政治演变的大格局时，曾经有如下评论：“汉兴之初，海内新定，同姓寡少，惩戒亡秦孤立之败，于是剖裂疆土，立二等之爵。功臣侯者百有余邑，尊王子弟，大启九国。……藩国大者夸州兼郡，连城数十，宫室百官同制京师，可谓挢抂过其正矣。虽然，高祖创业，日不暇给，孝惠享国又浅，高后女主摄位，而海内晏如，亡狂狡之忧，卒折诸吕之难，成太宗之业者，亦赖之于诸侯也。”(《汉书·诸侯王表》)如果说，这段话的前半部分是分析刘邦分封宗室为王为侯的原因，所论很有洞察力；而后半部分对受封宗室成员发挥作用的评价，似乎有拔高之嫌了。

就上述对宗室成员政治动向的分析而言，刘邦希望刘氏宗亲拱卫朝廷的政治设计，很难发挥决定性的作用。因为这些宗室成员，遇事大多各有算计，很难出现众望所归的人物为其翘楚。齐王刘襄和他的两位弟弟刘章、刘兴居，虽然自成体系，也有敢作敢为的素质，却无法得到其他宗室成员的拥戴。如果没有周勃、陈平、灌婴等功臣集团的多谋善断，吕氏控制朝政的局面很难迅速得到逆转。

以上我们具体分析了汉初政治舞台上的开国功臣集团、吕氏外戚集团、刘氏宗室集团的基本情况。不论是汉高祖刘邦，还是汉惠帝、吕太后，朝廷的最高统治者，都要努力协调好这三大利益集团之间的关系。

作为深通"君人南面之术"的开国皇帝，刘邦当然懂得，对功臣、外戚、宗室三大集团，他必须高居其上，要巧妙地笼络和控制，更要周备地防范和震慑。相比较而言，刘邦对于宗室集团的成员，有一种出于宗亲血缘的亲近感与信任感，所以防范的意识最轻；对于功臣集团的成员，刘邦的防范之心本来最重，但是在受封为诸侯王的"超一流"功臣悉数被诛杀之后，刘邦认为那些受封为侯爵的功臣们，受制于实力、能力和社会影响，不足以对朝廷构成实际威胁。

晚年的刘邦突然发现，最不容易控制的政治势力就是以吕后为首领的外戚集团。几乎是在不知不觉之间，这个吕氏外戚集团就在自己的身边形成和发展起来，甚至到了刘邦本人有意施压却被化解的程度。最令刘邦恼火的就是：刘邦几次明确的改立太子的想法，也就是计划废去吕后所生皇子刘盈的太子之位，改立宠妃戚夫人所生的赵王刘如意为太子，却遇到了多位大臣的坚决反对。

很多大臣先后谏诤，依然不能使皇上明确改变态度。有人提醒吕后说：留侯张良善于出谋划策，深得皇上信任。于是，吕后派建成侯吕泽去恳请张良设法相助。张良回答：“始上数在困急之中，幸用臣策。今天下安定，以爱欲易太子，骨肉之间，虽臣等百余人何益。”吕泽强行要求张良一定要出个稳固太子地位的主意。张良献计请出“商山四皓”用以壮大太子的影响力。他说了大意如下的一段话：此事无法以言辞相争辩。我想到了皇上所不能招致的四个人。这四人是高年长者，因为皇上怠慢轻侮读书人，所以逃避山中，做隐士而不做汉臣。其实，皇上很尊敬这四人。现在太子如果不吝惜金玉璧帛，并且亲自写信，以谦逊言辞郑重致意，备好舒适的座车，派善于言辞的人前往敦请，他们可能会应邀而来。如果他们来了，要当作贵客招待，让他们时时随太子上朝。皇上见到他们，就一定能够对太子有很大的帮助。事后，果然如同张良的预料。刘邦置酒宫中，太子侍从在侧。有四人跟随太子，“年皆八十有余，须眉皓白，衣冠甚伟”。在得知这四位仪表不凡的长者就是自己想要招致却不能如愿的“商山四皓”之后，刘邦大吃一惊：“吾求公数岁，公辟逃我，今公何自从吾儿游乎？”四人皆曰：“陛下轻士善骂，臣等义不受辱，故恐而亡匿。窃闻太子为人仁孝，恭敬爱士，天下莫不延颈欲为太子死者，故臣等来耳。”刘邦曰：“烦公幸卒调护太子。”在四人退出之时，刘邦目送他们渐行渐远，召戚夫人指着四人的背影说：“我欲易之，彼四人辅之，羽翼已成，难动矣。吕后真而主矣。”面对着戚夫人的哭泣，刘邦只好如此安抚爱妃：“为我楚舞，吾为若楚歌。”歌曰：“鸿鹄高飞，一举千里。羽翮已就，横绝四海。横绝四海，当可奈何！虽有矰缴，尚安所施！”这段刘邦因为看到“商山四皓”追随太子就改变了改立嗣君主意的记载，虽然其中有不尽可信的神秘之感，但是，“戚夫人嘘唏流涕，上起去，罢酒。竟不易太子者，留侯本招此四人之力也”（《史记·留侯世家》）。司马迁的这个断语，说得毫不含糊。我相信，司马迁一定有他观察的角度和依据。

张良在西汉开国之后，功成身退以求自保，但是皇帝首席智囊的身份使他不能超然于政治之外，他不得已介入立储之争。由于张良在巩固太子地位时提出了关键性的建议，吕后和太子把他视为恩人。这也保证了张良在汉高祖刘邦去世前后的政治变动之中，未曾受到冲击。

张良的献策，保住了太子刘盈的储君地位，也就间接地为刘邦身后吕氏控制朝政提供了保证。对“商山四皓”出山用世的“多此一举”，后世论史者出于对吕氏的厌恶之情，有人给予辛辣的嘲讽。唐代诗人蔡京的《责商山四皓》说得还算含蓄：“秦末家家思逐鹿，商山四皓独忘机。如何鬓发霜相似，更出深山定是非。”(《全唐诗》卷四七二）杜牧的诗《题商山四皓庙》就接近于批判了：“吕氏强梁嗣子柔，我于天性岂恩仇。南军不袒左边袖，四老安刘是灭刘。”(《全唐诗》卷五二三）此类评论的批判锋芒，与其说是指向“商山四皓”，还不如说是指向张良，更深刻的内涵是批判专断朝政的吕太后。此为后话。

再看汉初这段扑朔迷离的历史变局，按照刘邦当时的看法，所有反对改立太子的大臣都是听命于吕后的，至少也是愿意讨好吕后的。正是在这个背景之下，汉高祖刘邦在其晚年，召集大臣“刑白马而盟”，这就是汉初历史上著名的“白马之盟”。其内容散见数处，可以概括如下：非刘氏不得王，非有功不得侯。非刘氏而王，天下共击之。若有亡功非上所置而侯者，天下共诛之。(《史记·绛侯周勃世家》《汉书·周勃传》《汉书·外戚传上》《汉书·外戚恩泽侯表》)

刘邦发起“白马之盟”的用心，我们当然应该从缔结盟誓的时机和大环境来分析。从盟誓的内容而言，是提出了“封王”和

"封侯"的两个限制条件。"封王"的首要条件是"刘氏"，而"封侯"的门槛是立有"军功"。两个限制性条件并非同等，控制称王者的资格，显然更为重要，开宗明义就是要建立刘氏一姓的"家天下"统治秩序。那么当时图谋称王的政治势力何在？显然，功臣集团的成员在大功臣（异姓功臣王）被消灭之后，以周勃、陈平为首的功臣，既没有这样的实力与威望，也没有这样的胆略和野心。他们满足于受封为列侯的待遇，刘邦完全没有必要把他们作为防范的对象。而吕氏外戚集团成员则不同，他们图谋称王，确有现实的危险性。因此，"白马之盟"关于称王资格的限制，就是针对吕氏而发。晚年的刘邦有明确的危机感，他以君臣盟誓的神圣方式防范和制止吕氏称王，避免刘氏的统治权受到挑战。其后的史实也清晰无误地表明，对于刘邦主持盟誓的用心，功臣集团的成员都洞若观火，吕太后本人也是心知肚明的。

问题在于：君臣订立"白马之盟"之后，朝廷大臣是否都能坚守誓约？不必说刘邦死后由吕太后控制朝政的变化，就是在刘邦暮年，他缠绵于病床的时候，在微妙的局势之下，朝廷大臣的心态也发生了微妙的变化。我们不妨以智者陈平作为观察的一个样本。

陈平，阳武县户牖乡（今河南省兰考县东北）人，是汉高祖刘邦的重要谋臣。论智诈谋略，陈平自有优势。陈平与张良同为刘邦打天下时的智囊人物，张良长于战略筹划，陈平善于战术权变。他“六出奇计”，帮助刘邦立下大功，受封为“曲逆侯”；在刘邦渐入暮年、吕后势力逐渐坐大之时，陈平在皇帝与吕后之间巧妙周旋，最终得以保住了他的官场职位，为以后和太尉周勃一起消灭吕氏集团、重建刘氏基业奠定了基础。

刘邦晚年，刘氏与吕氏的矛盾开始显现，身居朝廷要职的功臣集团核心人物，不得不面对皇帝年老体弱、时日不久吕后终将执掌大权的局面，对此如何应对？其中的陈平与周勃，就开始巧妙地为自己预留后路。陈平的选择很有代表性——功臣集团的核心成员，不会在皇帝与皇后之间选择站队，他们一定是以帝后二人中的强者为依托。

猛将樊哙娶了吕后的妹妹吕媭为妻子，与刘邦是“连襟”，本来一直被刘邦视为心腹。但是，到了刘邦垂暮之时，在刘、吕矛盾日渐显现的背景之下，两人之间的关系却发生了微妙的变化。汉高祖十二年（前 195），刘邦御驾亲征，平定九江王英布之叛归来，创伤发作，卧病在床。此时又传来燕王卢绾谋反的消息，樊哙被任命为燕相国领兵平叛。樊哙率军出征后，有人向重病在床的刘邦诋毁樊哙，说他手握重兵，与吕氏结为一党，在刘邦死后要对刘邦的宠妃戚夫人和爱子赵王刘如意不利。刘邦此时疑心甚重，听后勃然大怒：“哙见吾病，乃冀我死也！”用陈平谋而召绛侯周勃受诏床下，曰:“陈平亟驰传载勃代哙将，平至军中即斩哙头！”二人受诏而出，在前往燕地、尚未到达樊哙军营之前，陈平与周勃暗中密商:“樊哙，帝之故人也，功多，且又乃吕后弟吕媭之夫，有亲且贵。帝以忿怒故欲斩之，则恐后悔。宁囚而致上，上自诛之。”(《史记·陈丞相世家》)这段话，真是很有深意！按照我们对陈平和周勃个性的理解，这个“临时制宜”的处置方案，一定是出自陈平的提议，周勃应该是附议者。其中对刘邦与樊哙关系的分析，自然暗含着对刘邦生死不确定的担忧在内，如果忠实地执行皇帝的命令，在军中立诛樊哙，万一等陈平完成使命返回长安时，皇帝却已经驾崩，那时必定是吕后掌权，陈平如何自处？两人都是谙熟官场规则的大臣，这样的话语完全不必明说。所以两人心有灵犀，如议而行。陈平和周勃未至樊哙的军垒，而是另外择地筑坛，以皇帝符节为凭据召樊哙前来受诏。

樊哙完全没有料到其中有诈，离开大军前来受诏，当场就被捆缚打入囚车，按照驿道系统，沿途押送，向长安返归。陈平还传达皇帝的诏令，由绛侯周勃取代樊哙的统兵将领的职位，指挥军队平定燕国反叛朝廷的各县。

在陈平押送樊哙回京的途中，突然传来皇帝驾崩的消息。陈平当然知道这是非常时期，各种政治变局都可能发生。陈平极为担忧吕后及吕媭的“谗怒”，他当然懂得这个道理——在敏感时期，必须身在政枢要地,不能自居边缘。为了抢得先机,陈平当机立断,自己乘坐最快速的驿车兼程驰归，安排其他人员按照常规速度押运樊哙回京。陈平路逢使者传达朝廷诏旨：令陈平与灌婴共同统军驻屯于控扼东西交通战略要地的荥阳。陈平受诏之后，却不按照诏旨的要求前往荥阳，而是立即快速驰奔宫阙，“哭甚哀，因奏事丧前”。每当读史至此，我都佩服陈平的政治智慧！此时的刘邦已经逝世多日，陈平抓到了一个极好的借口，一定要在皇帝的灵柩之前汇报奉命办事的情况，这就为他不奉行诏旨而擅自入京进宫的行为找到了冠冕堂皇的理由;而且他哭诉“汇报”的内容,一定含有这样的解释：我陈平没有按照皇帝的命令行事，没有在军中斩杀樊哙，而是改为把樊哙押送回京，准备交付皇帝亲自处置。他名义上是向皇帝亡灵汇报，实际上是巧妙地向在现场的吕太后表明心迹——陈平未曾斩杀您的亲妹夫！精于权术的吕太后竟然也被陈平的哀诉之情所打动,安慰他说:“君劳,出休矣。”陈平依然惧怕吕媭借机向吕太后进谗言对自己不利，就固请宿卫宫中。吕太后被陈平的“忠诚”所打动，当场任命他为郎中令，这是掌握宫廷宿卫警备的关键职务，吕太后并赋予陈平一个特殊的权力——“傅教孝惠”，也就是给刚刚即位的青年皇帝做顾问。陈平与吕太后和新皇帝的关系，由此迅速拉近，这当然是陈平刻意经营的结果。其后吕媭多次说陈平的坏话，吕太后都不为所动。

陈平从权达变，渡过了一次政治危机。樊哙稍后被押送到都城，果然被赦免，并且恢复了原来的爵邑之封。(《史记·陈丞相世家》）一切都在智者陈平的算计之中！设想如果没有陈平的临时权宜之计，如果他和周勃真的按照皇帝的旨意办事，诛杀了樊哙，回京之后面对掌控朝廷大权的吕太后，他们如何自处？他们还会有"韬光养晦"的余地，等到吕太后逝世再来雷霆一击，主导朝廷"大洗牌"的可能性吗？回顾这段历史，真是牵一发而动全身啊！

看懂了陈平在皇帝和吕后之间的机心周旋，就可以明白，在刘邦逝世前后，皇帝和皇后与功臣集团、外戚集团之间的政治博弈是何等复杂而惊险！

2. 吕氏称王过程中在位功臣的不同态度

高帝十二年（前195），刘邦去世，子刘盈继位，是为惠帝。刘盈当时年仅十六岁，生性懦弱；吕太后实际秉执朝政。惠帝七年（前188），刘盈去世，吕太后立幼帝而"临朝称制"，历时八年。合计惠帝、吕太后时期（前194—前180），吕太后执掌着西汉朝廷最高权力，长达十五年的时间。

吕氏外戚集团与刘氏宗室集团、功臣集团三大政治势力的斗争，构成了吕太后当政时期政治史的重头戏。从总体看来，吕太后不失为一名高明的政治家，她在世之时，能够维持大局的稳定。

如果分两个阶段来看，具体状况有所不同。前一阶段，汉惠帝在位时，吕太后在相当程度上沿用了刘邦的治国大格局，致力于处理好三大政治集团之间的平衡关系，当然，刘邦当年最信任的是刘氏宗室力量，而吕太后最依赖的基本力量则是吕氏外戚集团。吕太后对刘氏宗室集团、功臣集团，既有制裁与控制，也有笼络与安抚。因此，三大集团之间保持着微妙的平衡状态。后一阶段，也就是惠帝逝世之后，吕太后择立少帝，自己“临朝称制”，对朝政的控制更不加掩饰。正是在这个阶段，吕太后的“政治平衡”意识淡化了，强人政治的色彩突出了，她居然公开违背“白马之盟”，封诸吕为王，形成了吕氏外戚势力独大的局面，从而招致刘氏宗室集团和功臣集团的极大不满。正是这种不满意识的存在，导致吕太后死后不久，三大集团就发生了激烈的暴力冲突。

让我们从这两个阶段来看政局演变的具体情况。

如前所述，功臣集团与吕太后的周旋，从高祖晚年就已经开始。高祖刘邦垂危之时，吕后询问萧何之后的丞相人选，刘邦依次答以曹参、王陵、陈平、周勃。对于陈平和周勃，刘邦还有特别的评语：“陈平智有余，然难以独任。周勃重厚少文，然安刘氏者必勃也，可令为太尉。”（《史记·高祖本纪》）可见刘邦对陈、周二人的信任程度是有不同的，欣赏陈平的足智多谋，但又觉得他心计过多，所以只能控制利用，而不可单独委以重任；周勃是行伍出身，没有多少学识可言，在刘邦心中是可靠的“老兄弟”。

刘邦死后，汉惠帝即位，实权掌握在吕太后手中。在丞相人选的安排上，吕太后遵循刘邦的遗命，甚至连任职顺序都未曾打乱。这体现出吕太后对刘邦识人之明的高度认可，也透露出吕太后刻意笼络功臣集团核心人物的良苦用心。她懂得这个道理：只要安抚好这几位关键人物，整个功臣集团就不会和她反目。

吕太后对于功臣集团中人望极高的曹参，给予高度尊重和礼遇。

曹参与萧何一样都是刘邦的沛县故交，也是协助刘邦起兵的核心人物。后来，刘邦登基为皇帝，封长子刘肥为齐王，任命曹参为齐相国。汉朝是在多年兵劫的废墟中立国的。面对满目疮痍、百废待举的局面，应该如何才能治理好国家？最高统治集团起初并无成算在胸。担任齐相的曹参，最早对治国之道进行了有益的探索。齐国是有七十座城邑的大国，齐王刘肥年轻，并无多少治国的才干，曹参做齐相，实操国政。曹参听说胶西有一位盖公，精研黄老学说，就虚心求教，盖公谈论的治国之道却非常简洁，“贵清静而民自定”(《史记·曹相国世家》)。曹参认定盖公所论的统治方法最适合于当时的社会需要，于是自觉地将它运用到治理齐国的实践之中。曹参为齐相九年，齐国安定和睦，被人们盛赞为贤相。

在首位相国萧何逝世后，汉惠帝和吕太后直接封拜时任齐相的曹参为汉朝廷的丞相。

按照官场常规，新任官员为了博取声誉，总要在上任之初，就推行若干不同于前任的措施，此所谓“除旧布新”，俗称“新官上任三把火”。然而，曹参在众望所归接替萧何为相国之后，却没有任何惊人之举，凡事都不加改变，一切遵从萧何所确定的规章制度办事。相国易人，旧政未改，前后相接，浑然一体。曹参似乎无意于在朝政中，打上任何个人的标记。

曹参做相国三年,病逝于任上。他以“无为而治”的理政风格，维持了政局的粗安无事，给天下百姓提供了休养生息的宽松条件，完成了从战乱初定向治平之世的转变。公道自在人心，百姓以歌谣的方式，表达了对曹相国的敬意和追念:“萧何为法，顜若画一。曹参代之，守而勿失。载其清净，民以宁一。”这就是历史上著名的典故“萧规曹随”。司马迁对曹参有以下评价:“参为汉相国，清静极言合道。然百姓离秦之酷后，参与休息无为，故天下俱称其美矣。”(《史记·曹相国世家》)

曹参入朝担任相国后的“无为而治”，是他信奉黄老之学的体现，与他治齐时的“贵清净”有一脉相承之处；但仔细想来，曹参的日饮醇酒，标榜无为，似乎也是一种自保之术。当时的政治局面是：惠帝受制于吕太后，不可能真正有所作为；吕太后对功臣集团素来忌惮，当时，韩信、彭越、英布三大将帅已经被杀，萧何新亡，张良以“导引”“避谷”表示出世姿态，也是自保求安。曹参恰恰在此时入朝为相，他本来就得到众多武将的拥戴，在功臣集团中的威信实际上在萧何之上。吕太后自然对他有猜忌、防范之心。设身处地为曹参筹划，似乎也只有日饮醇酒不理政事，才是高明的自保之道。

曹相国的风采睿智，全在饮酒之中。自饮自娱，劝饮阻谏，与群吏共醉歌呼。身为相国，类似举动透着几分怪异，究其本意，却只不过是为了博得吕太后放心而已！曹参是身居相国尊位的功臣，为求自保，不得不苦寻出路，以至近于佯狂。在专制体制之下，最高统治者的猜忌之威，令人叹为观止！

汉惠帝五年（前 190）八月，丞相曹参去世，两个月之后，吕太后遵高祖之嘱，任命王陵为右丞相，陈平为左丞相，周勃为太尉。汉代以右为尊，王陵位居陈平之上。

从总体上看来，汉惠帝在位时期，吕太后尽管已经有效地掌控了朝局，但是还有一位仁厚皇帝在位，吕太后的治国大政也没有明显违背刘邦旧政的地方，所以，她与开国功臣集团之间的关系相对稳定。另外，吕太后在处理与刘氏宗室关系时，也相对审慎和柔和，除了对赵王刘如意和他的生母戚夫人有“不良记录”之外，其余宗室成员尚未受到残酷无情的对待，宗室成员和吕太后之间维持着相安无事的局面。把戚夫人处置为“人彘”，是吕太后在这个阶段最为人诟病的阴狠残酷表现，为人仁厚的汉惠帝是她亲生儿子，也在惊骇之余发出了“此非人所为。臣为太后子，终不能治天下”(《史记·吕太后本纪》）的抗议之声。在戚夫人被迫害致死之后，汉惠帝发现吕太后有杀害赵王刘如意之心，曾经百计保全，但是刘如意还是被吕太后毒死。吕太后对戚夫人母子的迫害，出于对情敌、政敌的双重嫉妒和报复，其中的阴毒与残酷，确实令人心悸胆寒。但是，如果从大局来考察，不难发现，这个阶段的吕太后，不论对功臣集团还是对宗室集团，逼迫尚未太甚。

公元前 188 年，惠帝驾崩，吕太后对身居高位的元老重臣深为忌惮，连哭的心情都没有，只是干哭不掉眼泪。显然这是忧心大于悲伤。

留侯张良的儿子张辟彊为侍中，年仅十五岁，来找丞相陈平，两人之间有如下一番对话:“太后独有帝，今哭而不悲，君知其解未？”陈平曰:“何解？”辟彊曰:“帝无壮子，太后畏君等。今请拜吕台、吕产为将，将兵居南北军，及诸吕皆官，居中用事。如此则太后心安，君等幸脱祸矣！”丞相陈平就按照张辟彊的献计入宫向吕太后奏请，太后听后大为放心，这才为儿子汉惠帝的早亡而声泪俱下、大放悲声。史家断言“吕氏权由此起”(《汉书·外戚传上》)。按照这个记载，在汉惠帝死后，吕太后与功臣集团之间有过一场未曾挑明的较量，双方都有理由担忧矛盾突然激化而局势失控。由于张辟彊出面周旋于吕太后和功臣首脑陈平之间，以避免功臣集团的祸患为游说的切入点，使得陈平放下身段，其实也就是放弃了功臣集团本来可以与吕太后正面抗衡的机会，以主动迎合吕氏的立场来建言献策，使得在惠帝病故的政治敏感期，让吕太后占尽了先机！研究这段历史变化的人，当然应该追问：当年那位献计的张辟彊，主观动机究竟是在帮助功臣集团的首脑脱祸，还是在帮助吕太后恐吓功臣集团而完全操控朝局？如果我们把留侯张良曾经接受吕氏的委托，为之出谋划策的经历联系到一起，我个人更倾向于认为：张良、张辟彊父子，游走于吕氏外戚集团与功臣集团之间，只怕是在关键时刻其立场和感情与吕氏外戚集团更为靠近。

在张辟彊的巧妙周旋之下，吕太后"降服"了陈平等人，朝廷的政治布局，就完全处于吕太后的掌控之中了。功臣集团的核心成员似乎有了一个默契：有吕太后在，我们无法与之公开抗争，只能韬光养晦，且待吕太后死后，再看谁才是朝廷的真正主宰。在功臣集团的大多数成员退缩以求自安的背景之下，吕太后就取得了与当年汉高祖一样的统治权威。于是，在很短的时间之内，一系列人事布局在吕太后霹雳手段之下，得以如愿实现：一位据说是汉惠帝儿子的孩子，被吕氏选定为新皇帝；吕氏以太皇太后的身份，得以“临朝称制”，也就是公开主持朝会议事，她所下发的文书被尊为“制书”。取得了“临朝称制”的资格，就意味着吕太后尽管没有皇帝尊号，事实上却拥有了皇帝的权力和尊严。大权在握的吕太后首先对刘氏宗室成员做了首度血腥清洗。她毫不容情地除掉了高祖的两个儿子——赵幽王刘友、赵共王刘恢。在燕灵王刘建死后，吕太后派人到燕地杀死了他幼年的儿子，废其封国。(《汉书·高五王传》) 吕太后对刘邦三个儿子的处理，简直如同根除仇敌一般。如果刘邦地下有知，也该对吕氏的心狠手辣感到痛彻心扉吧？

在吕太后整肃和杀害刘邦诸子的过程中，本书的核心人物代王刘恒是否也面临过危险？这是值得我们关注的问题。吕太后七年（前 181），正是她权势如日中天的时候，也曾经把目光投注到远在代地蛰伏的刘恒身上。这年秋天，吕太后曾经派出使者前往告知代王刘恒，朝廷有意改封他为赵王。遣使往告，似乎带有征求本人同意的含义，表明吕太后对刘恒较为宽厚。就地理位置和经济环境而言，赵地要比代地优越，将刘恒由代王改封为赵王，当然是一种善待，也可以理解为是吕太后的示好和笼络之策。对天下大势了然于胸的刘恒，采取了韬光养晦的对策，他婉言谢绝了吕太后的示好，以“愿守代边”做出表态，也就是自甘继续做边远代国的封王。刘恒的低调，使得他避免进入被人关注的舞台中心，也使得吕太后对他更加"放心"，不把他作为防范和打击的对象。从长远的眼光来看，这是一种高明的政治运作手段。假如刘恒同意内调为赵王，说不定三位赵王的悲剧会延伸到他的身上。

在废杀最亲近的宗室三王过程中，吕太后加封了吕氏娘家四人为王，这就是：立周吕侯吕泽的儿子吕台为吕王，吕台之弟吕产为梁王，建成侯吕释之的弟弟吕禄为赵王，吕台的儿子吕通为燕王。又以"追尊"的名义,加封了两位已经逝世的吕氏血亲为王：追尊吕太后之父为吕宣王，追尊吕太后之兄周吕侯吕泽为悼武王。（《汉书·外戚传上》）这两位虽然已经不在人世，但是受追尊之封，也可以增加吕氏集团在社会上的影响力。吕太后还晋封诸吕六人皆为列侯。根据《史记·吕太后本纪》的记载可知，吕太后四年（前 184），加封吕媭为临光侯，吕他为俞侯，吕更始为赘其侯，吕忿为吕成侯。大致统计，吕太后完全控制朝政的几年之间，封吕氏家人为王为侯者达到了十多位，吕太后为了加强吕氏外戚集团的力量，真是不遗余力了。其中，她的妹妹吕媭未曾建立任何军功，居然得以打破常规以女性而封侯，可见吕太后为了扶持吕氏力量，到了不讲究任何顾忌的程度了。

在惠帝死后，由于功臣集团核心成员的退缩和妥协，西汉朝廷的人事格局大变，吕氏成员官高位显，遍布要津，实权在握，事实上控制了朝廷。

在这个阶段，吕太后对功臣集团成员的基调是高压政策，对不合作者，加以贬抑，另外对于妥协者也刻意笼络。吕太后晋封吕氏多人为王，直接破坏了汉高祖刘邦晚年“白马之盟”中“非刘氏不王”的限制性约定，在功臣集团中导致了两种不同观点的出现。吕太后也据此而做出不同的处置措施。

吕太后“收服”功臣集团，也并非仅仅通过张辟彊对陈平威逼利诱就得以完成，其中的政治博弈和权力之争极为严峻，曾经出现过高层核心人物的当面冲突，那个场面虽说不上剑拔弩张，也可以称为惊心动魄。以忠厚憨直著称的右丞相王陵，就成为功臣集团成员中秉执信约、坚守“白马之盟”而不惜与吕太后当面翻脸的代表人物。

少帝即位，朝廷号令完全出自太后。太后称制，提议立诸吕为王，她先就此事征询右丞相王陵的意见。王陵立场明确地回答：“高帝刑白马盟曰：‘非刘氏而王，天下共击之。’今王吕氏，非约也。”王陵直指吕太后准备封吕氏为王的想法违背“白马之盟”，他明确表示反对。吕太后当然很不高兴。她又征求左丞相陈平、太尉绛侯周勃等人的意见。陈平、周勃等人似乎早有应对预案，他们回答说：当年高帝平定天下，他主持晋封刘氏子弟为王，现在是太后称制，您想要晋封昆弟诸吕为王，“无所不可”。听到这样的答复，吕太后当然很高兴。罢朝而出，愤愤不平的王陵当面指责陈平、周勃:“始与高帝啑血盟，诸君不在邪？今高帝崩，太后女主，欲王吕氏，诸君从欲阿意背约，何面目见高帝地下？”陈平、周勃却毫无愧疚地答复:“于今面折廷争，臣不如君；夫全社稷、定刘氏之后，君亦不如臣。”(《史记·吕太后本纪》)其中的意思，表达得很清楚：当今之时，敢于在朝廷议事现场，和吕太后当面顶撞，我们确实自愧不如您；但是，将来能够保全国家政权、安定刘氏后人的皇帝之位，您不如我们。这就是明白无误地告知王陵，您如此得罪“临朝称制”的吕太后，势必要被赶出政治中枢，失去手中的权力，将来您就无法发挥政治作用。这是功臣集团高层之间的私密对话，陈平和周勃用语虽然隐晦，但是相当于把自己的内心想法和盘托出了：现在面对吕太后大权在握的强势地位，我们出面反对她分封吕氏为王，是无力回天的。我们只能虚与委蛇，表面上表现出与吕太后合作的姿态，力求保住自己的高官位置，控制一定的权力，将来吕太后死后才可以运用自己手中的权力，重新安定刘氏天下。面对如此坦率的答复，忠直憨厚有余而灵活权变不足的王陵，居然无以应对。在当时形势之下，假设陈平和周勃等功臣首要人物，也与王陵持相同态度，吕太后会如何处置他们？吕太后真的可能将这些朝廷大臣都赶出政治中枢吗？如果身居朝廷高位的功臣们，都像王陵那般不惜反目也要坚持“白马之盟”，吕太后是否会心存顾忌而收回她封吕氏为王的内心欲望呢？几个不同的历史假设，会出现何等变局？其实，后人都无法做出准确的判断。历史按照原本的走向发展，我们所知道的结局就是：陈平和周勃采取的“以屈求伸”的合作策略，使得坚持“白马之盟”的王陵势单力孤，功臣集团重要成员之间出现了裂痕。这种状态被吕太后所利用，分别施以打击和拉拢，最后达到了驾驭和控制功臣集团的目的。而陈平和周勃，则以一时的退让为代价，保住了他们的官位，也就保住了他们可以有所作为的政治名分，从而保证了在吕太后死后他们有能力发起雷霆反击。

在是否加封吕氏为王的朝廷争论结束不久，吕太后就对高层官员的位置做了有针对性的调整。对于不识进退的王陵，吕太后心生厌恶，改任为少帝太傅，明升暗降，剥夺了他右丞相的实权，让他远离了行政权力的中心。王陵一怒之下，称病辞职，堵门不出，连朝廷的盛大典礼也不参加（七年之后，病死于家中）。王陵忠直固然可嘉，但他的仗节抗议，却没有在当时的政治斗争中产生实际的作用。他保住了自己的忠直气节，却被迫退出了历史舞台。吕太后封拜陈平为右丞相，显然是对他不反对晋封吕氏为王的奖赏，至少在职务调整中体现出褒奖的圣意。最引人注目的人事调整是：加封审食其为左丞相。

审食其本来是汉高祖刘邦的同乡，是早期追随刘邦起兵反秦的"老班底"之一，刘邦出于对他的信任，安排他照顾刘邦的父亲。等到彭城大战，汉军惨败，刘邦的父亲、妻子都被楚军俘虏，项羽把他们押在军中充当人质。当时受命照顾刘家老父的审食其，也同时被俘被拘押。他们三位在楚军营垒中做人质的时间长达两年多。审食其在如此特殊的时期一直照顾着刘父和吕氏，就此而言，说吕后和审食其有患难与共的关系，是肯定无疑的。值得讨论的问题是：审食其是不是吕后的"嬖幸"？两人之间是否有男女暧昧关系？《史记》明确记载审食其是吕后的"幸臣",除了《吕太后本纪》的记载之外，至少还有两处。其一，"汉王之败彭城，西，楚取太上皇、吕后为质，食其以舍人侍吕后。其后从破项籍，为侯，幸于吕太后。"(《史记·陈丞相世家》）其二，"辟阳侯行不正,得幸吕太后。……辟阳侯幸吕太后,人或毁辟阳侯于孝惠帝，孝惠帝大怒，下吏，欲诛之。吕太后惭，不可以言。大臣多害辟阳侯行，欲遂诛之。"(《史记·郦生陆贾列传》）按照古代史书的行文常规，男女之间即便确有暧昧之事，行文表达也要有所隐晦，如上所见的"幸于吕太后""辟阳侯行不正，得幸吕太后"之类的文字，几乎就是坐实了两人之间暧昧关系的存在。其中，智者朱建与审食其之间的一段"私人交谊"的故事，很有助于我们理解审食其在朝廷知情官员中的形象定位。平原君朱建，史称"为人辩有口，刻廉刚直”，“行不苟合，义不取容”。因为辟阳侯审食其“得幸吕太后”，朱建认定他行事不正，所以，尽管审食其以高官身份希望与朱建结交为友，朱建却明确拒绝和他相见。后来朱建的母亲逝世，朱建因家境贫寒一时无法办理丧葬之事，很是拮据狼狈。官场智者陆贾素来与朱建友善，就前往见辟阳侯审食其，致贺：“平原君的母亲死了。”辟阳侯审食其感觉莫名其妙：“平原君的母亲死了，先生为何向我贺喜？”陆贾解释：“前日您希望与平原君结交，平原君坚持大义不和您交往，就是因为有他母亲在，才不敢和您这样可能招致麻烦的人物交往。现在他的母亲死了，他就没有此类顾忌了，如果您真的为他馈赠厚礼帮助他完成送丧之事，那么他今后一定可以为您出死力。”辟阳侯听从陆贾的建议，奉赠百金给朱建以为治丧费用，其他列侯贵人因为辟阳侯如此看重朱建，都纷纷馈赠，使得朱建得到五百金的送葬费用，体面地完成了其母的葬礼。过了一段时间，有人在汉惠帝面前说辟阳侯审食其的坏话，惠帝大怒，将审食其逮捕下狱，意欲加以诛杀。吕太后心怀惭愧，不方便自己出面向皇帝求情赦免审食其。其他大臣平时都瞧不起辟阳侯的为人行事，不仅没有人出面给他求情，反而都希望借着皇帝发怒的机会杀了他为好。辟阳侯审食其在困急之中，使人联系朱建希望可以见一面。不料朱建却推辞说：“狱案重大，我不敢前往相见。”朱建在拒绝见审食其的同时，却暗中展开了营救审食其的幕后工作。朱建前往求见惠帝的幸臣闳籍孺，说了一番软中带硬的话："您为了得幸于皇帝而使用的那些难登大雅之堂的手段，天下人莫不知晓。现在辟阳侯因为得幸太后而被皇帝治罪下狱，外间都说是您在皇帝面前进了谗言，是您希望杀了他。设想今日辟阳侯被诛，第二天早上太后含怒，也可以诛杀您以泄愤。为了避祸起见，您为何不肉袒为辟阳侯在皇帝面前求情？只要皇帝听从您的建议而赦免辟阳侯，太后必定大为欢悦。太后和皇帝两位主子都宠幸您，您所获得的富贵成倍增加了。"这位汉惠帝的幸臣闳籍孺听明白了其中的利害关系，大为惊恐，采纳了朱建的计策，向惠帝进言求情。惠帝为了保全自己的幸臣闳籍孺，果然开恩释放了辟阳侯。辟阳侯审食其刚被囚禁的时候，希望面见朱建，没有料到朱建拒绝与之见面，辟阳侯以为朱建背叛了他，心中大怒。等到朱建巧妙运作成功地救出了自己，才被朱建的大智慧完全折服。(《汉书·朱建传》)

特别是吕太后当政后，硬是把没有管理能力、在朝臣中也没有太高人望的审食其破格晋职为左丞相："以辟阳侯审食其为左丞相。左丞相不治事，令监宫中，如郎中令。食其故得幸太后，常用事，公卿皆因而决事。"(《史记·吕太后本纪》)与之大体一致的记载还有："以辟阳侯审食其为左丞相。左丞相不治，常给事于中。……及为相，居中，百官皆因决事。"(《史记·陈丞相世家》)这位新被提拔的左丞相，不参与国家政事的管理，主要的职责居然是伺候宫中的吕太后，也由此成为朝臣与吕太后之间沟通的桥梁。类似记载表明：在当时部分朝廷大臣心目中，审食其是吕太后“男宠”的嫌疑很大。（后世论史者，也有人认为审食其与吕太后虽有所私，其性质“正如人家老仆”，可以出入内室，役使方便而已，未必真有男女之情。参见赵翼《廿二史劄记》卷三“吕武不当并称”条）。至少可以肯定的是：吕、审之间有一层特殊的信任关系，审食其确实是吕太后特别倚重的人物。

也正因为如此，后来吕太后驾崩，周勃、陈平等大臣发兵诛诸吕，群臣皆知“辟阳侯于诸吕至深”（《史记·郦生陆贾列传》），当时，审食其侥幸不被当作吕氏党羽而遭诛杀，得以保全性命，是由于陆贾以及智谋之士平原君朱建的设法保全。详见后文所述。

此后，陈平不得不艰难地周旋于吕太后及吕嬃、审食其等吕氏私党之间。他深知吕太后对他素有疑忌之心，而吕嬃更因他当年为高帝出谋擒捕樊哙而怀恨在心，为了自保，他整日沉湎于酒色之中，不理朝政，国事全由审食其实际掌握。吕嬃想报复陈平，多次在吕太后面前诋毁他：“陈平为相非治事，日饮醇酒，戏妇女。”陈平听到这些谗言，不仅不检点自己的行为，而且更加放纵，一身奇计的精明干练荡然无存，似乎成了酒色之徒。吕太后得知陈平的行迹，却心中独喜。她为了表示对陈平的信任，召陈平、吕媭当面对质，并对陈平说："鄙语曰'儿妇人口不可用'，顾君与我何如耳。无畏吕媭之谗也。"（《史记·陈丞相世家》）这里呈现的是极其复杂诡异的历史场景：吕太后为了笼络陈平这位开国功臣中的关键人物，甚至不惜当着他的面，给自己的妹妹吕媭以难堪。聪明过人的陈平当然不会自失分寸，不会错以为吕太后对他的信任超出于吕媭。政治舞台上的演出，精彩之处就在于：各位高手都明白内幕，却不会说破。陈平在这样的一个环境中，如果没有奇计大智，显然无法自保。陈平假借酒色以求自保，更可以体悟出当年曹参的良苦用心。

分析吕太后此次对丞相班底的人事调整，可见有两个要点：一是把"不识时务"而敢于和吕太后当面冲突的王陵排斥出政治中心，二是把吕太后的私人亲信审食其破格提拔为左丞相。从审食其的阅历而言，他有划归功臣集团的理由，吕太后重用他也有"合理性"可言，但是他得到吕太后绝对信任才是获得重用的真实理由，这在朝臣中是不言而喻的常识。尽管表面规定"左丞相不治"，也就是不参与日常政务处理，但是，深谙官场内幕的朝廷大员，自然知道如下道理：只有得到吕太后信任的人，才有真正的事权，于是"及为相，居中，百官皆因决事"。由于这位左丞相的存在，在名分上居于其上的右丞相陈平，只能是依靠韬光养晦而求自保，也必定是被"架空"的。如果上述分析大致无误，那么，此次丞相人员的调整，显然是为了强化吕太后对行政中枢的控制力而进行的。

这一轮的政治角力结束之后，表面上看来，是吕太后以高压手段慑服了功臣集团的首要人物，打破了“白马之盟”的限制魔咒，实现了晋封吕氏多人为王的内心愿望，为她追求的“刘、吕两姓共治天下”蓝图奠定了基础；而从长远的利害得失来做分析，吕太后的强势高压，是存在很大潜在风险的。她不顾重臣的反对，也不忌惮舆论的讥议而悍然行事，虽然得逞于一时，但却从根本上破坏了三大集团之间微妙的平衡，引发了功臣集团和刘氏宗室集团的强烈不满。特别是时任右丞相王陵的“面折廷争”，虽然无法阻止吕太后肆意妄为，却把“白马之盟”的核心内容再次传播于朝廷之上，至少高层官员都“温习”了一遍。从这个意义上说来，王陵的贸然抗议，虽然导致自己被贬抑，但是却为将来的“诛吕安刘”提供了舆论准备。因此，从长远的政治影响而言，吕太后实在是得不偿失。在她死后，功臣集团和宗室集团的代表性人物联手举事，导致外戚吕氏惨遭灭门，其根本原因就是吕太后的行为触犯了两大集团的底线。假设吕太后不强行封吕氏为王，即便是政敌有灭吕之心，要找到可以号令将士参战的理由，也并不容易。就这个意义而言，吕太后执意晋封吕氏为王，是为吕氏灭门之灾埋下了祸根。

吕太后在防范和削弱功臣集团力量的同时，当然也曾从保证功臣集团成员的政治利益和经济实惠的角度，给他们以制度化的保证与照顾，意在换取功臣集团对她的支持。她的办法明显是从汉高祖刘邦那里继承而来。史称，在汉高祖“封爵之誓”和“白马之盟”的基础之上，“高后二年，复诏丞相陈平尽差列侯之功，录弟下竟，臧诸宗庙，副在有司。始未尝不欲固根本，而枝叶稍落也”(《汉书・高惠高后文功臣表》)。吕太后为了笼络开国功臣们，确实也费尽了心机。但是，从日后发生的事变来看，吕太后拉拢功臣集团的制度设计，并没有真正降服这些功臣。

3. 功臣集团与宗室精英联手灭吕

公元前 181 年七月，临朝称制长达八年的吕太后病重。她自知行将不起，在病榻上任命赵王吕禄为上将军，统领北军，吕王吕产统领南军，并明确告知他们:“高帝已定天下，与大臣约，曰‘非刘氏王者，天下共击之’。今吕氏王，大臣弗平。我即崩，帝年少,大臣恐为变。必据兵卫宫,慎毋送丧,毋为人所制。”(《史记・吕太后本纪》)吕太后对政治局势的分析，很是清醒。她真切地知道：早几年她冲破“白马之盟”的限制而封吕氏为王，不仅使得刘氏宗室心中不服，也得罪了功臣集团出身的朝廷大臣，所以她垂死之际要为吕氏成员谋划自身安全。吕太后提出的防变对策切实有效：她嘱咐吕氏集团的首领一定要把兵权牢牢控制在手中，不要擅自离开宫中，要控制小皇帝，以防有变。因为她很担忧在自己身死之后可能出现功臣集团发起异动，出现对吕氏外戚集团不利的局面。

不管吕太后如何百般设防，在她死后不久，就发生了宫廷军事政变，引发高层统治集团的重新洗牌，其中的内在原因，就是在吕太后临朝称制时，破坏了汉高祖刘邦晚年的“白马之盟”，破坏了三大利益集团的微妙平衡，从而导致了矛盾的激化。

我们先来看看以陈平、周勃为首的功臣集团的动态。

在曹参逝世、王陵被架空之后，陈平与周勃就成为功臣集团的文武核心人物。但是，行伍出身的周勃是个“大老粗”，并且以“大老粗”为荣，根本瞧不起一般书生人物，包括以谋略成名的陈平，也未曾得到他的尊重。所以，两人的关系也就很疏远。其后，以片言献策促成陈平与周勃合作的，是功臣集团中的智士陆贾。

吕太后临朝称制，诸吕擅权，朝臣人人自危。在吕太后调整丞相人选的过程中，陈平在名义上虽然得到升迁，但却战战兢兢，如履薄冰，为避祸，陈平每日纵情于歌舞酒色之中，不问政事，以此缓和吕太后对他的猜忌。陈平对汉家朝廷的安危充满忧虑，只是限于当时形势，只能闭门家中，无计可施。后来陆贾来访，看破陈平心事，建议陈平与太尉周勃主动修好，以待天下有变，联手安刘。

吕太后分封诸吕为王时，唯恐朝廷大臣和有辩才的人出面反对。陆贾冷眼观察局势，认定当时无法以口舌相争，所以隐忍不言。朝廷多事之秋，智者自然会规避自保，于是，陆贾自称有病，辞官引退。他找到了一片良田沃土，率全家迁出京城，前往定居。这一切让人觉得，他似乎脱离政治中心，准备过田野隐居生活了。

其实不然。辞官之后的陆贾，仍然经常活动于朝廷公卿之间。某日，他来到右丞相陈平府中。陈平正因为吕氏专权、自己独力难支而忧虑，深恐大祸临头，又不知如何才好，正在反复思虑之时，竟没有发觉陆贾已在身边就座。陆贾轻声提醒："何念之深也？"陈平笑着说："生揣我何念？"陆贾回答："足下位为上相，食三万户侯，可谓极富贵无欲矣。然有忧念，不过患诸吕、少主耳。"陈平素来敬重陆贾的学识见解，当即坦率承认，并虚心请教该如何做才好。陆贾胸有成竹地说："天下安，注意相；天下危，注意将。将相和调，则士务附；士务附，天下虽有变，即权不分。为社稷计，在两君掌握耳。"陆贾对陈平袒露心迹，说到他曾经几次对绛侯周勃谈论天下大计，但是这位绛侯对他却以戏言相对，根本不重视他的建言内容。陆贾明确建议："君何不交欢太尉，深相结？"并且"为陈平画吕氏数事"，也就是针对诸吕专权的解决方案提出多项对策。陈平完全采纳了他的建议，与太尉周勃深相结交，功臣集团由此形成了一个稳定的核心。为了感激陆贾的献策，陈平和周勃都以重礼相谢。值得注意的是，陆贾能在吕氏控制朝政之时，周旋于朝廷重臣之间而不受到吕氏的怀疑，显然与他辞官引退直接有关。那么，他的辞官，就不仅是个人的避祸之计，而且成了在高层核心人物之间穿针引线、出谋划策的掩护手段。陆贾的巧妙谋划，说明开国功臣集团中确实存在着高瞻远瞩的政治高手。这样主导天下大局变化的建议，出自功臣集团中的智者陆贾，一方面说明吕太后专权时期功臣集团成员普遍感受到权力压迫的紧张，并非仅仅是陈平、周勃等高层承受了这样的压力；另一方面也可以说明，在政治斗争趋于激化的时候，政治智慧的运用确实很重要。请看史书所载的效果：“陈平用其计，乃以五百金为绛侯寿，厚具乐饮；太尉亦报如之。此两人深相结，则吕氏谋益衰。”（《史记·郦生陆贾列传》）如果这是实录之笔，那么陈平和周勃的交情由疏远而变为密切，对在位诸吕是有震慑作用的。功臣集团的凝聚力得以加强，这是“诛吕安刘”事变得以发生的一个重要条件。

就在京师之内外戚集团和功臣集团各怀心思、各种斗争手段交用的敏感时期，来自宗室集团的武力反抗，却如狂飙突显，打破了朝廷三大集团表面上的和谐。这就是齐王刘襄三兄弟的谋定后动，毅然起兵西进，兵锋直指都城长安，并且公开打出了诛灭诸吕的旗号，引发了更大政治变局，京畿长安的血雨腥风扑面而来！

让我们回顾一下在吕太后临朝称制时期，宗室集团成员面临的处境和他们的对策。

吕太后对刘氏宗室实力怀有戒心，采取的是"又打又拉"的手段。对于她怀恨在心的刘氏宗室人员，她不顾一切也要诛其身废其国（如上所述，刘邦的几个儿子都遭受毒手）；对其他可以拉拢的刘氏宗室成员，吕太后则力图表现笼络之心。我注意到两个现象：

其一，吕太后多次在刘氏与吕氏之间搞政治性很明显的联姻。刘章娶吕禄之女，无疑是很有代表性的一例。吕太后妹妹吕媭之女嫁给营陵侯刘泽，刘泽还被任命为大将军。由此可见刘泽也是吕太后着力笼络的宗室人物。刘、吕联姻还有多例。吕太后搞刘、吕联姻，本来是希望以此建立起刘、吕两姓共治天下的基础，没有料到的是：有的吕氏之女，太过于专横跋扈，对于自己的夫君，不是温情相待，而是把他当作监控对象，甚至有凌辱之举，使得懦弱的刘氏宗室子弟，居然难以逃脱被杀或者被迫自杀的厄运！我们来看汉高祖刘邦的两个儿子与吕氏联姻之后的命运。赵王刘友，被指定娶吕氏之女为王后，他偏偏不爱这位吕氏女子，而喜爱别姓妃姬。这或许是因为刘友从内心深处厌恶这位吕氏监控者。

这位吕氏之女怒而跑到都城长安，向吕太后举报自己的丈夫，举报的内容恰恰是吕太后最不能容忍的。她说赵王刘友曾经说过：“吕氏安得王？太后百岁后，吾必击之。”（《史记·吕太后本纪》）从一般情理而言，刘友明明知道这位吕氏之女是吕太后安置在自己身边的监控者，只要他有起码的自我保护意识，就不可能在她面前说出如此足以致命的话语。由此推论，上述话语应该是吕氏王后出于争宠而构陷自己的丈夫。此类话语，如果出自刘氏宗室核心成员之口，是吕太后最为忌惮的，也是她必定要严惩的。吕太后得此举报，大怒，甚至未核查传言真伪，就对刘友痛下杀手。吕太后编造了一个理由，将赵王召回都城。赵王到达之后，被控制在邸舍之中，不许入宫朝见，又安排卫士加以围困，不令赵王刘友得到食物。刘友的部下有人暗中送来食物，都被逮捕治罪。吕太后要将刘友置于死地的用心十分明显。赵王刘友在被饿死之前，创作了一首歌诗：“诸吕用事兮，刘氏微；迫胁王侯兮，强授我妃。我妃既妒兮，诬我以恶；谗女乱国兮，上曾不寤。我无忠臣兮，何故弃国？自快中野兮，苍天与直！於嗟不可悔兮，宁早自贼！为王饿死兮，谁者怜之？吕氏绝理兮，托天报仇！”（《汉书·高五王传》）这位赵王就是如此被幽闭饿死。在刘友被饿死之后，刘邦的另外一个儿子梁王刘恢被改封为赵王，因为赵地的地理环境不及原来的封地梁国优越，改封带有被贬的意味，新任赵王刘恢难免心中不乐。为了加强对刘恢的控制，吕太后就把吕产之女嫁给赵王刘恢为王后。这位吕氏王后身边所用的大小官员都是吕氏娘家人，“内擅权，微司赵王，王不得自恣。王有爱姬，王后鸩杀之。王乃为歌诗四章，令乐人歌之。王悲思，六月自杀”。吕太后得知刘恢因为这个原因而自杀，竟然定罪为“弃宗庙礼”，废除了其后嗣继承封国的权力。(《汉书·高五王传》）赵王刘恢所做的歌诗四章，没有流传后世，估计其基调应该与此前的赵王刘友的作品相近，一定带有控诉吕氏之女专横跋扈的内容。前后相接的两位赵王刘友和刘恢，都被指定娶吕氏之女为妻，却先后落得如此悲惨下场，足以反映出在吕太后的高压控制之下，即便是有“刘、吕两姓联姻”这样的表面“友善”，刘氏宗室成员并不能从中感受到来自吕太后的温暖，反而只有寒意刺身。如此一来，吕太后以联姻之术来建立刘、吕联盟的努力，也只能归于失败。

其二，在每次晋封吕氏为王为侯时，往往也会加封几位刘氏子弟为王为侯。如：太后欲封诸吕为侯，就先封高祖之功臣郎中令冯无择为博城侯，封齐悼惠王子刘章为朱虚侯，并将吕禄之女嫁给刘章为妻。随后才晋封吕释之的儿子吕种为沛侯，吕平为扶柳侯。吕太后准备封吕氏为王，就先立惠帝的后宫之子为王为侯，其中有：刘强为淮阳王，刘不疑为常山王，刘山为襄成侯，刘朝为轵侯，刘武为壶关侯。(“灭吕事变”大功告成之后，胜利者一方不承认上述数位皇子是汉惠帝的子嗣，而认定他们其实是诸吕的孩童，被送入宫内，冒姓刘氏。这些孩子都被淘汰出局了。）在完成了对汉惠帝这些“后宫子”的晋封程序之后，吕太后就暗示大臣奏请立郦侯吕台为吕王，由太后批复同意。吕太后在加封吕产继为吕王之后几个月，就册封齐悼惠王子刘兴居为东牟侯，显然也是在显示兼顾刘、吕两姓的利益。还有一个更加明显的记载：“太后王诸吕，恐即崩后刘将军为害，乃以刘泽为琅邪王，以慰其心。”（《史记·吕太后本纪》）由行文可见，吕太后在晋封吕氏多人为王的过程中，因为担忧自己逝世后这位宗室刘将军可能有不利于吕氏的举动，而特意加封刘泽为琅邪王。

另外的史料记载表明，刘泽受封为琅邪王的过程，有更加复杂的背景。刘泽作为很有心计的刘氏宗室成员，在吕太后控制朝政的既定格局之下，多方结交，极力经营，尽力为自己争取最好的政治发展空间。这是一个各个层次的“智者”施展翻云覆雨手段的时代。有一位来自齐地的智者田先生，出游帝都图谋发展，费用耗尽而一时尴尬。通达权变之术的田先生，主动前来结交刘泽。他为刘泽的发展献计献策，刘泽对他大为欣赏，在田先生生日时，刘泽慷慨地“用金二百斤为田生寿”，可谓是真心结交。没有料到的是：田先生在得到这笔重金之后，却迅速地返归故乡齐地去了。此后两年，受惠于刘泽的这位田先生，居然与刘泽没有任何联系。失望之余，刘泽派人去告知田先生：我和你从此不再交往了。智者田先生当然知道刘泽的“投资”原本是要指望回报的，他自有回报的方式和回报的能力。田先生再次前往长安，他不去求见刘泽，而是租借了一处大宅，安排其子与吕太后所宠幸的大谒者张卿极力结交。经过数月的刻意结交之后，田先生的儿子按照其父的安排请张卿到自己家里做客，田先生亲自出面接待。张卿到达之后，见田先生家中的帷帐陈设极度豪华，如同列侯一般，令这位见多不怪的张卿也大吃一惊！他琢磨不透接待他的主人是何等来头、有何背景。酒酣耳热之际，田先生屏退他人，单独与张卿分析朝廷高层的大势：我注意到都城内有诸位王侯府邸一百余处，其主人都是高帝的大小功臣。试想吕氏本来协助高帝成就天下大业，立功至大，又有吕太后掌控朝政之重。现在太后已是高年，难免担忧诸吕势力偏弱，太后内心是很希望封吕产为吕王，控制代地的，却难免有所顾忌，封吕产为王的话她不方便自己说出口来，恐怕大臣不听她的旨意。现在您张先生最得吕太后的宠幸，大臣们都对您很敬重，您为何不告知大臣们太后的内心愿望，让大臣们主动奏报太后，建议封吕产为王？如此操作下来，太后必定更加信任您张先生。诸吕得以受封为王，您张先生也可以得到万户侯的封赏。太后内心渴望的事情，您张先生身为内臣，却不设法急速推进，只怕太后难免对您心生不满，我很担忧您的自身安危啊！张卿听到了如此洞察朝廷内情的政局分析，大为赞叹，就按照田先生的计策，告谕大臣奏报太后。吕太后上朝，因问大臣国家急务。大臣们就奏请立吕产为吕王。太后自然大喜，在得知这一动议是在张卿的幕后策划下提出，就恩赐张卿以千金重赏。张卿拿出其中的一半酬谢田先生。另有所图的田先生却不肯接受，并且说出来另外一番大道理：吕产受封为王一事，诸大臣内心实际上是不大服气的。现在的营陵侯刘泽在宗室成员中年岁最长，他身为大将军，唯独对于未曾获得封国之赏而有所失望。现在由您张先生进言太后，裂土十余县封刘泽为王，刘泽得到封王之赏一定满心欢悦，有了刘泽受封为王作为陪衬，诸吕受封为王也就越发不会导致大臣们反对了。张卿再次佩服这位田先生的政治见识之高。入宫奏报给吕太后。吕太后也感觉合情合理，再加之太后的妹妹吕嬃之女是营陵侯刘泽的妻子，就下旨封营陵侯刘泽为琅邪王。吕太后的旨意刚刚下达，智者田先生立即告知新受封的琅邪王刘泽：赶紧东出函谷关前往琅邪国“就封”，急行毋留！在田先生的陪同之下，刘泽以最快的速度出关。原来田先生神机妙算，料定吕太后深思熟虑之后可能后悔册封刘泽为王。果然，吕太后派人要追回对刘泽的册封令旨。得知刘泽已经奉旨东出了，吕太后也就只好作罢。(《汉书·燕王刘泽传》)齐地智者田先生用这种方式予“金主”刘泽以丰厚的回报。回顾刘泽得以封王的曲折过程，除了感叹田先生的多谋善断之外，我们更应该注意的是：刘泽这样的刘氏宗室的"老大哥"，在吕太后当权之时，是如何极力为自己拓展政治的生存空间。这样城府深沉的人物，此后在消灭诸吕，特别是在决定新皇帝人选的过程中，发挥了独特的作用，并非偶然。刘泽自然是宗室子弟中应该被关注的研究对象。

在这个特殊时期，刘氏宗室人物中，真正有能力对吕氏形成制约的，并不是刘邦的几个儿子（或许与吕太后对他们几位的重点打击与控制有关），而是庶长子齐王刘肥的三个儿子，就是时为齐王刘襄和他的两个弟弟朱虚侯刘章、东牟侯刘兴居。

吕太后对于两代齐王父子的态度，很值得我们注意。在汉惠帝时期，齐王刘肥入朝，吕太后曾经在宴席之上意图毒杀，如果没有汉惠帝的庇护，刘肥难免一死。其后刘肥百般讨好吕太后，才得以保全性命，返回封地齐国。刘肥在位十三年，于惠帝六年（前189）逝世。朝廷给他议定的谥号是"悼惠"，并非美谥，吕太后对他的贬抑态度于此可见。刘肥之子刘襄继立，这是一位敢作敢为的封王，后来，在吕太后死后，就是这位刘襄起兵西进，打出了声讨吕氏的旗号。本来是"诛吕安刘"的关键人物，可是后来功臣集团坚决排斥他做继任的皇帝，而决策拥立代王刘恒"入继大统"，是为汉文帝。此后，刘襄受到来自皇帝和大臣的种种压制，郁郁不得志而亡。刘襄死后，朝廷给他的谥号居然是“哀”，这完全是恶谥，受贬抑的程度更在其父刘肥之上。此为后话。我们再把话题拉回到吕太后“临朝称制”时期，看吕太后对齐王兄弟的基本态度。齐王刘襄元年，恰好是惠帝驾崩之年（前 189），“吕太后称制，天下事皆决于高后”。第二年，吕太后立其兄子郦侯吕台为吕王，割齐国要地济南郡为吕王的奉邑。这是吕太后对齐国的有意割削。到刘襄三年（前 187），其弟刘章被征召入朝，在汉朝廷担任宿卫之任，吕太后封刘章为朱虚侯，并嫁吕禄之女为其妻。就刘章的个人际遇而言，奉召入京并做宫廷宿卫、受封为侯、迎娶当朝重臣吕禄之女为妻，都是得到恩赏的标志性待遇。当然，也可以解读为吕太后召刘章入京，对齐王刘襄而言未尝不是一种牵制——或许也可以从“人质”的角度加以理解。其后不久，吕太后又加封刘章弟弟刘兴居为东牟侯，兄弟二人“皆宿卫长安中”。到齐王刘襄八年（前 182），吕太后又割走了齐国的琅邪郡，用来册立营陵侯刘泽为琅邪王。（《史记·齐悼惠王世家》）上述情况表明：吕太后其实对齐国很有防范之心，切割原本属于齐国要害之地的济南、琅邪两郡分封给其他吕氏和刘氏，这是对齐国实力的有意割削，而同时，却又以重用齐王刘襄的两个弟弟的方式笼络他们，可谓费尽心机。吕太后对于朱虚侯刘章尤其偏爱，把他视为亲信。这或许与刘章迎娶了吕禄之女有关，使得吕太后把他看成了吕氏阵营中的人物，如同早年间的樊哙一般；也有可能与刘章善于利用吕太后的信任有关。其实，刘章内心深处根本未曾被吕太后的种种笼络手段所收买，他的宗室意识特别强烈，天下是刘家天下、不容他姓染指的信念非常强烈。刘章也就成为在吕太后身边逐渐成长起来的宗室"主心骨"。我们来看如下历史场景：

朱虚侯刘章年仅二十岁，"有气力，忿刘氏不得职"。也就是说，刘章虽然得到了吕太后的格外器重和提携，但是，作为宗室中的青年才俊，他对于刘氏皇权受到吕氏外戚集团的压制和削弱是心怀不满的，而且敢于公开表达出来。某日，吕太后在宫中召集了一次宴会，受邀参加的当然都是她信得过的人物。开宴之初，吕太后令朱虚侯刘章为"酒吏"，也就是后世所熟知的"监酒官"。刘章自请:"臣，将种也，请得以军法行酒。"吕太后没有多想就同意了，她没有想到一个负责调剂酒场气氛的"酒吏"可以做出令人意外的举动。酒酣耳热之时，刘章进前向吕太后敬酒并歌舞一番。在其乐融融的气氛中，刘章又奏报:"请为太后言耕田歌。"吕太后平常就把刘章视为亲近之人，笑着说：如果说你的父亲知道耕田之事，我不会怀疑。你出生就是王子，怎么可能懂得种田的事情？刘章回答说：臣确实懂得。吕太后一时兴起，说：试着给我说说种田的道理。刘章脱口而出:"深耕穊种，立苗欲疏；非其种者，锄而去之。”这首歌诗，表面上说的是农夫耕耘农田锄去杂草而保留禾苗，实际上表达的是刘氏皇统不容他姓染指。吕太后心知其意，却因为刘章是按照她的要求在讲农事之道，也就无法加罪于刘章，只好默然良久，也就是容忍了刘章代表宗室力量所做的政治宣言。酒宴上的较量还在进行，刘章显示敢作敢为气质的高潮还在后面。酒宴进行之中，有一位吕氏成员不胜酒力，逃席而走。这本来是酒宴中常见的现象，逃席避酒者如果被追回来，最多也就是被奚落、被嘲笑而已，但是，成算在胸的刘章却借机发难，他追赶上去，“拔剑斩之”，随即坦然地向吕太后报告：“有亡酒一人，臣谨行法斩之。”这个严酷到出乎意外的“酒席执法”，令吕太后和在场的左右人等都大吃一惊！吕太后心中当然不快，但是考虑到已经许诺刘章可以使用军法监酒，也就无法加罪于刘章，只好宣布罢席。由此看来，刘章在申请以军法监酒的时候就暗藏杀机了！他是处心积虑地要在公开场合，当着吕太后的面，借故诛杀吕氏成员而张扬刘氏宗室的声威！这是何等胆识手段！请看史家记载的此举效果：“自是之后，诸吕惮朱虚侯，虽大臣皆依朱虚侯，刘氏为益强。”（《史记·齐悼惠王世家》）也就是说，刘章在酒席间的果敢举动，造成了诸吕对他的惧怕心理，朝廷大臣（当然也就是开国功臣集团）也要倚重他，刘氏宗室的力量由此而得到了强化。吕太后对宗室力量的控制措施，可以说不遗余力，但是，她对刘章带有溺爱色彩的信任和宽纵，却使她防范和镇压宗室的努力出现了一个缺口。正是这个缺口的存在，使得宗室的力量得以汇集和爆发，以至于和开国功臣集团的力量交汇为一，将吕氏外戚集团毁于一旦！

朱虚侯刘章在高层酒宴上，以“监酒官”的身份，勇挫吕氏声威，不仅使他成为汉代宗室的希望之所在，也使他成为传世文献中最早见于记载的“监酒官”。关于“监酒官”，我在《清华大学藏战国竹简》（壹）中的《耆夜》篇发现了更早的记载。下面这篇《周初“监酒官”趣谈》所讨论问题的年代远在西周初年，超出了本书的范围，但是也联系到了本书涉及的汉初朱虚侯刘章，因为这种关联性的存在，我以“延伸阅读”的方式，将该文附录于下。

延伸阅读之一

周初“监酒官”趣谈

《清华大学藏战国竹简》（壹）其中的《耆夜》一篇，因为涉及众多高规格人物，关涉商周鼎革的重大事件而成为我很感兴趣的一篇出土文献。

《耆夜》篇的内容讲述周武王攻伐黎国获得大胜之后，在文王太室宗庙举行“饮至”典礼，武王君臣庆功而饮酒作歌的事。它所记载的“饮至”典礼，是商周之际规格最高的贵族酒会。其中，“监饮酒”的出现，应该给予高度重视。

在古代中国，酒，从来就不是一种简单的饮料，而是被赋予了“通神”的功能，也因此而成为祭祀典礼、巫术活动中必不可少的“法物”。令人称奇的是，在我国“传说中的古史”体系内，几乎与酒的起源同步，酒的政治功能就被突出强调。《淮南子》记载：仪狄造酒，大禹饮后觉得极为甘甜，之后便疏远仪狄，再不许他进见；并且屏去旨酒，绝不以之进御。(《淮南子·泰族训》)

“大禹绝旨酒”，无论是真实记录，还是穿凿附会，在今天看来，都不失为高明的决定。在那个娱乐方式有限的时代，酒的诱惑实在难以抵制。到了夏朝末期，昏暴之主桀的主要罪名就是“为酒池，可以运舟，糟丘足以望十里，而牛饮者三千人”(《论衡校释》卷七《语增篇》)。在古人的议论中，常见直接将夏朝的灭亡归咎于夏末天子的纵酒失德。

商人并没有吸取夏桀纵酒亡国的惨痛教训，嗜酒之风有增无减。考古出土的商代酒器数量之繁多、形制之精美，令人叹为观止：尊、壶、区、卮、皿、鉴、斛、觥、瓮、瓿、彝……不胜枚举。以狂欢、酗酒而导致亡国，商纣王又是一个恶例。

周代统治者，非常懂得“以史为鉴”。按照传世文献的记载，周人对夏商的亡国之祸起源于纵酒失德深有所感，因此，在开国不久，当政者周公特意颁布了堪称我国历史上的第一部“禁酒令”——《酒诰》，明确指出造酒是为了祭祀天地神灵和列祖列宗，严禁“群饮”。因此，说到周代的酒文化，我们往往自然而然地想到了《酒诰》所代表的理性态度，想到了酒文化与礼制的完美结合。

但是，在商周鼎革之际，周人统治集团的上层贵族人物，是否有与酒文化相关的重大活动？传世文献没有留下明确记载。而《耆夜》简，对此有明确无误的补史价值。

根据《耆夜》简文的记载可知，在伐黎大胜之后，武王君臣在文王太室宗庙举行“饮至”典礼，并且饮酒作歌。这次“饮至”是征伐获胜后的祝捷酒会，参加者是周人统治集团的核心人物、高级贵族，堪称重量级显贵齐集一堂。请看《耆夜》简文：除武王亲临外，“縪（毕）公高为客，邵公保睾（奭）为夹，周公叔旦为命，辛公姬虐（甲）为立（位），作策（册）逸为东尚（堂）之客，吕上（尚）甫（父）命为司政（正），监饮酒”。周公、毕公都是周武王之弟，周公后来还在武王死后成为事实上的最高统治者，与武王一道被后世儒家列入“道统”之中。召公是文王庶子，在西周的开国之战、平定三监叛乱之战时，是举足轻重的人物，更以勤政爱民的“唐棣遗风”而流芳千古。在西周开国之后，周公、毕公、召公是姬姓的三大元老。周公、召公还有“分陕东西而治”的特殊地位。辛公甲、作册逸也是周人统治集团的核心人物。其职司为祝卜之长，盖可定论。另外的一位参与者吕尚父，就是太公望，是极富传奇性的历史人物，武王伐商的牧野之战中，他是周军的军事指挥长官，后世兵家多借重其名。无疑，在这场宴会上，集结了当时一流的政治家、一流的军事家、一流的思想家、一流的原始宗教学家。在周文王逝世之后，主导商周鼎革历史巨变的核心人物大多在场。

我还有一个特别感兴趣的问题是：吕尚父（太公望）“监饮酒”的记载。在重要的饮宴场合，设置“监酒官”具有多方面的意义。在传世文献中，出现较早而且最为著名的“监酒官”，大概应该首推汉初的朱虚侯刘章。他在吕太后当政的复杂背景之下，借着担任宫中酒宴“监酒官”的临时职掌，就敢于杀掉“逃酒离席”的吕氏外戚集团成员，从而振奋了刘氏宗室的人心。（《史记·齐悼惠王世家》）当我追溯“监酒官”的源头时，发现了一个有趣的现象：一方面，在《诗经·小雅·宾之初筵》中有如下诗句：“凡此饮酒，或醉或否。既立之监，或佐之史。”可见先秦时期在正式的饮酒场合，是有“酒监”和“酒史”的设置的，他们是酒席间的“执法者”，其职责是：监督人们以礼饮酒，或许也有营造欢快气氛的责任？另一方面，遍查先秦古籍，居然没有发现有姓名可查的“监酒官”，而且也检索不到“监酒”一词。而《耆夜》简文的记载，明确无误地告知我们：我国历史上现在可以确认的第一位"监酒官"，是周初的军事统帅吕尚父（太公望）。看来，在酒宴之上，"酒令如军令"的传统，可以追溯到吕尚父（太公望）身上！

言归本题。公元前181年七月，吕太后重病垂危之时，生怕在她死后吕氏满门受祸，苦心安排了前述的善后。这分明是预见到大臣中可能有人会发动宫廷军事政变！必须说，这是多么敏锐的政治预见！可是这位老太后此时却无法把她已经预见到的危险化解了，她也没有能力在她生前把危险人物都从肉体上加以消灭，也就是承认时局有她不可控制的一面。从这份政治遗命来看，吕太后在生命的最后时光里，似乎没有对宗室集团发起反抗的危险保持足够的重视，她担忧的政治力量就是"大臣"，也就是以周勃、陈平为首的开国功臣集团，她甚至还苦心孤诣地规定：绛侯周勃尽管时任太尉，是名义上的武官之长，但是却不许他进入禁军的营垒！这是多么特殊的禁令！

吕太后死时，又用遗诏任命吕产为相国，宣布以吕禄之女为小皇帝的皇后。吕太后此前所扶立的那位"少帝"，不管他是不是汉惠帝的子嗣，从来都是受制于吕氏集团的傀儡。现在，吕禄又成为小皇帝的岳父了，吕氏集团对"少帝"的控制力更加强化了。而且，吕氏集团以外戚"干政"的名分有了新的保证，除了第一代的皇后、第二代的皇后（汉惠帝的张皇后，是吕太后指婚的鲁元公主之女。当年的吕太后为了控制内宫，强制汉惠帝以舅舅身份娶了外甥女，属于“乱伦行为”）之外，第三代的皇后，也是吕氏之女。如此，吕禄和吕产控制朝政的“合法性”，就不必再追溯到吕太后之身了，用“少帝”外戚的身份就更加直接和有效了。

吕太后对身后人事布局的整体安排，充满了防范意识，并且有很强的针对性，应该说是很严谨、很周全的——从政治名分到军政实权，全都操纵于吕氏外戚集团之手。吕产和吕禄名正言顺地成了吕氏集团的首要人物。

吕太后生前经营而得的绝对权威，曾经有效地控制了三大利益集团，没有人胆敢向她提起挑战。但是，随着强势政治家的离世，原来的最高权威不复存在，原有的矛盾就会激化和失控，此前勉强维持的平衡局面就会被打破。血腥的政治清洗和高层的重组——“大洗牌”，就一定会出现。吕太后身后大变局的出现，就是依据这样的逻辑而展开的。

吕氏外戚集团原本依凭吕太后为靠山，强压刘氏宗室力量，位居开国功臣集团之上，难免有仗势横行的新贵之态；现在，随着吕太后的去世，其靠山不再存在，曾经被迫忍声吞气的宗室和功臣两大集团没有理由再向吕氏集团俯首求容了。对此，各怀心思的三大集团的高层人物都有自己的算计。可是，由于吕太后在生命最后阶段的有意安排，吕氏集团占据了有利的位置，掌控了朝廷的大局。刘氏宗室力量与开国功臣集团的核心人物如果不动用军队、不发动宫廷军事政变，就无法打破吕太后的苦心布局。特定的形势把这三大集团"逼"上了一条血腥的道路上来。我们还应该看到，从事变的演进过程来分析，被吕太后寄予厚望的吕产和吕禄，无论是政治智慧还是操作手段，都不成熟，特别是与以陈平、周勃为首的功臣集团相比较，就谋略和掌控大局的能力而言，都不能望其项背。更何况宗室力量与功臣集团联手合作！就此而言，吕氏集团的失败，是无法逃脱的宿命。

矛盾错综复杂，形势犬牙交错。三大集团之间的恶性争斗在所难免，但是，以什么为爆发冲突的突破点？则是很微妙的。功臣集团的高层人物被控制、受掣肘是既定事实，他们要想突破吕太后的布局而动手实在并非易事！

"诛吕之役"的第一冲击波，是由齐王刘襄、朱虚侯刘章兄弟发动的。

朱虚侯刘章是宗室成员奋起反击的第一推动力量。请看史书的记载：吕太后死后，"赵王吕禄为上将军，吕王产为相国，皆居长安中，聚兵以威大臣，欲为乱。朱虚侯章以吕禄女为妇，知其谋，乃使人阴出告其兄齐王，欲令发兵西，朱虚侯、东牟侯为内应，以诛诸吕，因立齐王为帝"（《史记·齐悼惠王世家》）。还有大体相近、可以互相佐证的记载:“朱虚侯刘章有气力，东牟侯兴居其弟也，皆齐哀王弟，居长安。当是时，诸吕用事擅权，欲为乱，畏高帝故大臣绛、灌等，未敢发。朱虚侯妇，吕禄女，阴知其谋。恐见诛，乃阴令人告其兄齐王，欲令发兵西，诛诸吕而立。朱虚侯欲从中与大臣为应。”(《史记·吕太后本纪》)

诚如上文分析，三大集团之间的“合作”关系随着吕太后去世而失去平衡，暂时占据了上风的吕氏集团如果判断其他两个集团可能有异动的危险，那么率先动手，以武力手段解决宗室和功臣两大集团的可能性，确实也是存在的；但是，从后来事变的全过程来看，吕产、吕禄应对失措，完全没有章法，似乎处于任人宰割的状态，由此逆推，吕氏集团应该是没有预谋的。这就不得不让人怀疑：吕氏集团“聚兵以威大臣，欲为乱”这种说法的可信性，究竟有多大？问题是:这个传言的“来源”似乎很有权威性，因为它来自刘章。刘章是吕禄的女婿，这个特殊的身份，足以使听到这个信息的高层人物确信——刘章的消息应该是直接来自吕氏成员，也就不由人不信。而这个说法一旦流传开来，后果是很明显的：吕氏集团成为意图打破现状的“谋乱者”，宗室和功臣两大集团则不得不设法应对诸吕的所谓“阴谋”，也就是有了联手诛灭吕氏的“正当防卫”的理由！由此可见，刘章在吕太后去世、政局可能生变的敏感时期发挥了极为特殊的作用，堪称灭吕之役的第一推动力。由刘章暗中主导的宗室起兵发难，公开打出的旗号是声讨吕氏乱政，实际上是有自己的如意算盘在内的，这就是要里应外合，推翻吕太后安排的朝廷大局，而拥戴齐王刘襄当皇帝。

齐王刘襄按照弟弟刘章的策划，要起兵西征，以争夺天子的宝座，其实也很不容易。他要解决两个难题，或者说要设法突破两个瓶颈的制约，才能使起兵夺位具有成功的可能性。其一，要突破朝廷对诸侯王起兵反叛的制度化制约，夺得自己指挥齐军的权力；其二，要夺取其他诸侯王的军队，归自己指挥，他才可以增强军队力量，才有出兵获胜的可能。在解决这两个问题的过程中，齐王刘襄显示了他很强的魄力和能力。

齐王刘襄解决这两个难题的过程，富有戏剧性，很值得我们关注。

齐王起兵夺天下，所依靠的核心辅佐是三个人：舅父驷钧、郎中令祝午、中尉魏勃。齐王在密谋发兵的过程中，保密工作不到位，被齐国丞相召平得知，召平把齐王意图调兵的举动视为反叛之举，就调动军队围困王宫，使得刘襄处于被幽禁的困境。在汉初推行分封制度时，对于封王权力就有制度上的制约。各王国的丞相，是行政管理的首脑，从隶属关系而言，是封王的僚属，但是，封国的丞相是由朝廷任免，而非由封王自行选拔和任用。

在一定意义上说来，丞相有代表朝廷对封王实施监控的功能。此外，汉家朝廷规定：各个王国的军队，如果没有皇帝下达的调兵虎符为凭，封王不得随意调动军队。正是由于存在这样的制度规定，齐国丞相召平在得知齐王有异动的时候，才可以采取反制措施，指挥军队包围王宫，将齐王软禁起来，齐王刘襄起兵的图谋也就处于“流产”的境地。好在，究竟有哪些人参与了齐王的密谋，丞相召平并不完全了解，时任中尉的魏勃就冒险前来欺骗召平，他说了大意如下的一段话：齐王准备发兵，并没有汉朝廷下发的虎符为凭据。而相君您决定软禁国王，您的决定是很高明的。我魏勃请求为相君效力统领军队围困国王。丞相召平相信了魏勃的话，就指派魏勃统兵围困王宫。魏勃在冒险骗取了齐国的统兵权之后，却指挥将士们包围了相府。召平这才恍然大悟，原来魏勃也是辅佐齐王“谋反”的人！他已经无力回天了，只好悲叹一句：“嗟乎！道家之言‘当断不断，反受其乱’，乃是也。”（《史记·齐悼惠王世家》）从这句含有追悔之意的感叹之语来看，召平可能一度对魏勃也有过怀疑，后来还是被欺骗而将统兵权交给了魏勃。后悔莫及的召平只好以自杀向朝廷谢罪。召平作为齐相，在齐王有异常举动之后，采取特殊手段以控制齐王，本来就是他的职责所在，不见得说他一定是吕氏党羽。他所效忠的是朝廷，只是此时的朝廷，却早就受制于吕氏集团了。所以，齐相召平的忠于朝廷的举动，却差一点扑灭了刘氏宗室夺回朝廷控制权的火源。历史的诡异，在政治形势微妙时，尤其不可捉摸！侥幸逃脱牢笼的齐王刘襄，在召平自杀之后，在齐国范围内，已不再有任何人可以制约他了。在诛讨吕氏专权的名义之下，他作为宗室力量的代表而起兵，就具备了正义的色彩，当然不会有人责怪他未得朝廷虎符而擅自发兵了。于是，他自行任命驷钧为丞相，魏勃为将军，祝午为内史，把齐国境内的所有军队调动起来。齐国的"讨吕安刘"军队组建完成了。

齐王刘襄深知：仅仅依靠本国军队的力量，他完全没有战胜攻取的把握，为了增加胜算，他必须设法夺取其他封国的军队为自己所用。他首先盯上了琅邪王刘泽。刘泽是汉高祖刘邦的同宗族弟，吕太后当政时，刘泽巧妙地迎合吕太后，获得了她的赏识和信任。吕太后晚年，将妹妹吕媭的女儿嫁刘泽为妻，并立为琅邪王。此时在世的汉家宗室诸王中，他虽然不是皇子出身，却辈分最高、年龄最长。刘泽虽然与吕氏集团保持着较好的关系，其实也是无可奈何形势下的虚与委蛇。他的宗室意识，其实也很强烈。齐王刘襄对这位长辈封王的内心所想，有真切的了解。在起兵之初，刘襄派出了能言善辩的心腹祝午前去琅邪王国，对刘泽实施诱骗之术。使者祝午说了大意如下的一番话：吕氏作乱，齐王发兵准备西征以求诛灭吕氏一党。齐王自知是宗室中的晚辈，加之年少，不通晓兵革之事，情愿举国追随大王。大王早在高帝开国之战中就是将军，熟知战阵之事。齐王现在不敢离开军队亲自前来拜见，特意派遣微臣前来拜见，敢请大王屈尊前往临菑，与齐王共商大事，并请您统领齐兵西征，平定关中之乱。这段话，对琅邪王刘泽所表达的敬重之意情真意切，也合情合理，刘泽听后很是舒坦。阅世不浅的刘泽居然完全被迷惑、被煽动。琅邪王刘泽轻信祝午的虚假说辞，居然令人驾车离开自己的封国，驰见齐王刘襄。齐王刘襄与部将魏勃等人见刘泽中了圈套，就毫不客气地扣留了琅邪王，表面上尊为贵客，实际上以之为人质。至于合兵一处遵从琅邪王领导的说辞，再也不被提起。至此，刘泽才明白自己被孙子辈的齐王玩弄于股掌之上了。齐王刘襄利用刘泽被软禁的条件，指令祝午以琅邪王刘泽的名义，把琅邪国的全部军队征发起来，归并于齐王麾下统一指挥调度。

如果说齐王刘襄得以冲破齐相召平的牢笼，还有几分侥幸（其实也可以从重用魏勃看出刘襄有用人之明，脱困并非完全出自偶然），而他指令祝午诱骗刘泽，以权变之术夺得一国的军队为自己所用，有效地扩大了自己阵营的声势，军事上也得一强援，这完全出自谋略机变，颇具其祖刘邦的遗风。

在解决了这两个问题之后，齐王刘襄终于如愿起兵，兵锋指向了都城。刘襄的起兵是高标正义感的，他给天下诸侯王发布了一份声讨吕氏集团的檄文，其中最关键的几句话是："惠帝崩，高后用事，春秋高，听诸吕擅废高帝所立，又杀三赵王，灭梁、燕、赵以王诸吕，分齐国为四。忠臣进谏，上惑乱不听。今高后崩，皇帝春秋富，未能治天下，固恃大臣诸侯。今诸吕又擅自尊官，聚兵严威，劫列侯忠臣，矫制以令天下，宗庙所以危。今寡人率兵入诛不当为王者。"（《史记·齐悼惠王世家》）这份檄文，很有政治鼓动性，历数吕太后当政时期迫害宗室诸王的劣迹，突出了刘氏与吕氏之间矛盾的无可调和，从根本上否定了吕氏当政的合法性；进一步分析吕太后死后吕氏集团的专权行为变本加厉，把当时下达的所有政令一概斥之为吕氏控制少帝"矫制以令天下"的行为，也就是假传小皇帝的旨意来控制天下，从而使得当下朝廷的全部政令失去了正当性；最后的结语"今寡人率兵入诛不当为王者"，是暗引"白马之盟"，坐实了吕氏称王是违约败盟的非法行为，从而为齐王的起兵向阙找到了冠冕堂皇的理由——在"宗庙所以危"的严峻局势之下，他率兵入朝是为了诛杀不该违约称王的吕氏，从而成为维护和实践高祖盟誓的宗室首功人物。齐王的檄文中还有一个伏笔——以巧妙的文字揭破了少帝"未能治天下"的真实内幕，这是大有深意的伏笔——假如齐王兄弟的如意算盘得以实现，控制了朝廷大局的齐王刘襄，一定会除掉这位小皇帝。由此看来，在吕氏控制朝局之后，只要上层出现大变动，不论是宗室新力量的代表掌权，还是功臣集团的头面人物控制朝政，早年间由吕太后扶立的小皇帝都无法逃脱被贬被杀的命运。这是他的无可逃避的宿命。

“诛吕之役”的第二冲击波，是由功臣集团的核心人物之一灌婴巧妙发动的。

当时由吕氏控制的汉朝廷得知齐王发兵西进的消息，相国吕产迅速决策派遣大将军灌婴领兵东击齐军。在这样的敏感时期，吕产把某种程度上可以左右都城安危的大军统帅之任，完全没有顾忌地交给了本来也是开国功臣的灌婴，可见他对灌婴是很信任的。没有料到的是，不多久吕产就为他轻信灌婴而后悔莫及了！也就是说，灌婴此前必定以投靠吕氏的假象，骗取了从吕太后到吕产的信任，吕氏集团把他错判为自己人而委以重任，灌婴就利用了这种特殊地位，成为统领大军、遥控朝局的关键人物，也是功臣集团得以控制全局的关键棋子。

灌婴率军到达荥阳，作为久经战阵并有战略头脑的名将，灌婴当然懂得荥阳是逐鹿天下的兵家必争之地，尤其是一旦出现东西两大阵营争夺天下的时候，荥阳的战略重要性就更加明显。前不久刘邦与项羽争夺天下时，之所以在荥阳、成皋一线形成拉锯战，道理就在于此：这里是从东方进攻关中的最后一个形胜之地，一旦这里失守，东方来犯之敌就可以直叩函谷关了。从反方向来说，道理也一样：只要西方阵营有效控制荥阳，就形成占据上游的优势，而东方阵营就处于“仰攻”的战略劣势之中。只要灌婴坐镇荥阳，他就具备了东扼齐国西进、西控都城大局的战略优势。成竹在胸、胜券在握的灌婴召集其部下筹划大计：“诸吕将兵居关中，欲危刘氏而自立。我今破齐还报，是益吕氏资也。”这段话，有两层意思极为关键：其一，灌婴把诸吕势力定位成与刘氏皇室相对立的邪恶势力，也就是在部下面前卸去了此前他为了取得吕氏集团的信任而做出的种种伪装，以保卫刘氏皇统的本来面目示人；其二，灌婴明确表示，他确实有能力击破齐王的军队，但是他却无意如此去做，因为在这个特殊环境之下，出兵击败齐王就是帮了吕氏的大忙，他既然表明了与吕氏为敌的真实心迹，就不会对齐王刘襄实施进攻。灌婴要做的恰恰相反：他要保留齐王力量的存在，借以对关中吕氏当政的朝廷保持军事压力；同时，他也不会允许齐王的军队真的进入关中，直接决定朝廷的政治走向。在灌婴的心目中，事变之后可以决定朝廷大计的，不应该是敢于起兵的宗室势力，而只能属于夺回实权之后的开国功臣集团的首要人物。于是，灌婴留兵屯守荥阳要塞，并不向东出兵去镇压齐王的军队，并且派出了使者明确告知齐王和其他诸侯王，让他们与自己率领的军队结盟联合，“以待吕氏之变而共诛之”。灌婴的态度非常明朗：齐王刘襄和他的军队，只要不再西进，双方就是共同讨伐吕氏的友军；如果齐王的军队意图夺取荥阳而继续西进，灌婴就把他们视为叛军而加以征讨。齐王刘襄得到这个明确的信息，只好将以军事手段夺取帝位的欲望悄悄收起来。因为灌婴在荥阳据险而守，对齐王刘襄有军事和政治两个层面的遏制作用：军事上，灌婴的指挥能力和军队的作战能力，都在齐王刘襄及其军队之上，刘襄不敢与灌婴战场决胜；政治上，灌婴公开表达的立场，也就是与诸吕决裂以维护刘氏皇统，与齐王刘襄起兵之时高举的“讨吕安刘”的立场完全一致，如果齐王刘襄不遵守与灌婴的约定而公开进兵，就会使自己丧失了政治上的合法性，就会陷入众叛亲离的不利局面。所以，齐王刘襄只能信守与灌婴之约。当然，刘襄在确认无法西进之后，他就理性地调整用兵方向，改为在齐国原有的封地内，乘机“收复”了在吕氏当政时被强行割夺的济南郡，史书的记载是：“乃西取其故济南郡，亦屯兵于齐西界以待约。”（《史记·齐悼惠王世家》）

灌婴在等待，齐王刘襄和其他宗室诸侯王也按照灌婴的要求而在等待。他们共同在等待什么？那就是灌婴明确许诺他们的——都城的形势即将出现大变！这个许诺，可以成功地安抚住已经起兵的齐王和其他诸侯王；但是，这个许诺却必须有一个大前提：身统雄兵、坐镇荥阳的灌婴，对都城长安的局势有真切的掌控能力。换句话说，灌婴与在京城内部正在筹划发动政局大变的势力必须有直接联系，可以发挥有效的影响力。如果没有这个大前提，灌婴与齐王刘襄的约定只能奏效于一时。由此反推，灌婴在率兵出征、离开都城之前，一定与周勃、陈平等功臣集团的核心人物，有密切的而有效的沟通，他们是谋定而后动。也就是说，灌婴以伪装手法骗得吕氏信任、夺得了统领雄兵坐镇荥阳的战略先机，不是他的个人行为，而是功臣集团的事先布局之一。在吕氏当政无法阻止的大环境中，陈平与周勃对吕太后虚与委蛇，灌婴一定与吕氏走得更近，乃至于让两代吕氏掌门人视为心腹！到了关键时刻，反戈一击，使得吕氏集团顿时陷入困境。

对于灌婴在诛灭诸吕之役中的作用，清代考据学家王鸣盛有个论断，很见深意，引用如下："诸吕之平，灌婴有力焉。……高后欲王诸吕，王陵受白马之约，而平、勃以为无所不可，然则成吕氏之乱者，平、勃也。幸而产、禄皆庸才，又得朱虚侯之忠勇，平、勃周旋其间，而乱卒平，功尽归此两人，而孰知当留屯荥阳与齐连合之时，婴之远虑有过人者？齐王之杀其相而发兵，夺琅邪王兵，并将而西也，此时吕禄独使婴击之。婴，高帝宿将，诸吕方忌故大臣，而危急之际，一旦假以重兵，此必婴平日伪自结于吕氏，若乐为之用者，而始得此于禄，既得兵柄，遂留屯荥阳，待其变而共诛之。其时，吕氏乱谋急矣，顾未敢猝发者，彼见大将握重兵在外，而与敌连合以观变，恐猝发而婴倍之，反率诸侯西向，故犹豫未忍决，于是平、勃乃得从容定计，夺其兵权而诛之。然则平、勃之成功，婴有以助之也。然婴不以此时亟与齐合引兵而归，共诛诸吕，乃案兵无动者，盖太尉入北军，吕禄归将印，此其诛诸吕如振槁叶耳，若婴合齐兵以归，遽以讨吕氏为名，则吕氏乱谋发之必骤，将印必不肯解，而太尉不得入北军矣，彼必将胁平、勃而拒婴与齐之兵，幸而胜之，喋血京师，不戕千万之命不止，此有婴计之得也。”（王鸣盛:《十七史商榷》卷五“灌婴于平诸吕为有功”条）这段论史之语，对灌婴在事变全过程中的举措及其政治智慧，给以全面的肯定，对他的评价在某些方面超过陈平和周勃。王鸣盛分析问题的角度，我很认可。但对一个具体问题，我和他的看法略有不同：王鸣盛似乎认为灌婴在荥阳的举动是他个人的决断，恰好和陈平、周勃的诛吕意图巧合，双方得以配合默契，共成大功。我则认为，灌婴的所作所为，包括前期的向吕氏示好，也包括雄踞荥阳后的按兵不动却可以震慑东西两大阵营，一定事先与陈平、周勃共商过，他们是谋定而后动。事关朝廷大局，也直接关系到他们个人的荣辱安危，这批功臣集团中的头面人物，不会放任事态自然发展，他们一定是暗中操纵着大局的走向。按照我的分析，灌婴的真实身份，极有可能是功臣集团安排在吕氏集团内部的“卧底”。在关键时刻，灌婴“拥兵自重”，成为吕氏集团无法掌控的军事存在，事实上构成了诛吕之役的第二冲击波。

就在灌婴雄踞荥阳傲视天下、齐王刘襄只能拥兵观变的"短暂平衡"阶段，发生了一起当时看来或许无足轻重，但是却对未来政治格局产生重大影响的事件：被齐王刘襄所诱骗和拘留的琅邪王刘泽，利用这个短暂的稳定时机，开始巧妙的自救活动。刘泽对于齐王诱骗、软禁自己的行为，当然充满愤懑，迫于当时受制于对方的既成局势，他只好向齐王刘襄说了大意如下的一通假话：齐悼惠王是高皇帝的长子，从根本上说来，大王您是高皇帝嫡长孙啊，应当被拥立为皇帝。现在朝廷的诸位大臣狐疑未有所定，而我刘泽在刘氏宗室中年岁最长，朝廷大臣必定会等待我的意见做出决策。现在大王留我在此没有什么作为，不如让我西入关中参与朝廷议事。这番话的结尾，表达的意思似乎是：你只要放我到达都城，我一定推戴您做新皇帝。夺位心切的齐王刘襄居然相信了这番言不由衷的话，"乃益具车送琅邪王"（《史记·齐悼惠王世家》）。而设计逃脱牢笼的琅邪王刘泽，到达了都城长安之时，吕氏集团已经被诛灭，恰值功臣集团和刘氏宗室成员之间围绕着拥立何人为帝出现了争议，一时难以决断。此时的刘泽，作为宗室成员中年龄最长的人，又有诸侯王的高位，他的意见又与周勃、陈平等人的意见互为声援，因而也就有了特殊的分量。刘泽成为坚决反对齐王刘襄继位做新皇帝的宗室代表性人物。前不久齐王刘襄诱骗和拘押刘泽的“不厚道”行为，现在到了他要为此而付出代价的时候了。当然，这是后话，姑且在这里略过。我们再回到那个瞬息万变的“诛吕之役”现场。

“诛吕之役”的第三冲击波，如约发生在都城长安。主导者是太尉周勃、丞相陈平，密切配合的宗室成员是朱虚侯刘章。

这是一次标准的“宫廷军事政变”。周勃等人，要想突破吕太后死前所做的文武权力布局，夺回对中央警卫军队的指挥权，并非易事。他们要突破两个障碍：一是设法让吕禄交出兵权，二是要设法让周勃进入北军的军营。周勃与陈平等人巧妙设计，居然顺利破解了这两大难题。解决第一个难题，是用了“拘押人质”的办法，迫使吕禄最信任的好友、功臣集团的第二代成员郦寄出卖朋友，诱骗吕禄中计，在浑浑噩噩之中交出了兵权，这就是在汉代历史上众说纷纭的“郦寄卖友”事件。解决第二个难题，则是利用功臣集团的人事关系，使用了“假传圣旨”的特殊手段，达到了自己的目的。他们解决问题的方法，无疑都属于“阴谋诡计”，但是，在吕氏势力严密控制朝廷实权的情况下，要想推翻当政者，实现高层政坛的重新洗牌，采取超常规手段运作就是不可避免的选择。

在政局动荡的多事之秋，掌握京城禁卫大权的人，往往可以左右局势。西汉都城的警卫，由南军和北军两支中央禁军共同负责。南军由卫尉统领，负责警卫都城南部，职责在于保障未央宫、长乐宫等宫殿区的安全；北军由中尉统领，负责都城北部的警卫，也就是负责宫殿区之外的都城安全。南、北军虽然同为京城禁旅，但北军拥有精兵数万，实力远大于南军。（可以参看劳榦先生的文章《论汉代的卫尉与中尉并兼论南北军制度》，载《“中央研究院”历史语言研究所集刊》，1958 年第 29 本下。）谁控制了北军，谁就是长安的真正主宰。当时，掌控北军的是吕禄。在吕太后去世前一年，重新排朝会班次，当时的太傅吕产、丞相陈平等人，共推吕禄位列第一；而在吕太后死前的最后安排中，他又成了北军的统帅、小皇帝的岳父。吕禄所享有的尊荣和实权，其实不在相国吕产之下，更为群臣所不及。吕禄与吕产，分掌军事和行政的最高职权，并且分别握有对北军和南军两支禁军的控制之权，这是吕太后死前为了保全吕氏集团安全而设想的关键布局。两人之所以成为政坛举足轻重的核心人物，原因就在于此。

太尉周勃和丞相陈平等人，暗中图谋诛灭吕氏，控制北军就成了首先需要解决的问题，而周勃当时却连军营都无权进入，根本无法调动军队。周勃和陈平密商：功臣集团中唯一与吕氏关系密切的是曲周侯郦商，其子郦寄与吕禄是好朋友，只有通过郦寄才能影响吕禄。于是，他们派人劫持了郦商，然后以郦商的生命安危相要挟，迫使郦寄前往诱骗吕禄：“高帝与吕后共定天下，刘氏封立九王，吕氏封立三王，这都是大臣们共同议定，并用文书告知诸侯的，诸侯都认为理所当然。现在太后已驾崩，皇帝年少，而足下身为赵王，不迅速回到封国安守本分，却担任上将，统领禁兵留驻京城，因此而被大臣和诸侯所怀疑。足下为何不归还将印，把兵权交给太尉？请梁王归还相国官印，与大臣盟誓结好之后返回封国，这样，齐王的军队必定会撤回，大臣得以安心，足下可以高枕无忧，称王于方圆千里的大国，这是为后世子孙造福的根本大计。”吕禄觉得郦寄的计策有道理，准备归还将印，把兵权让给太尉。吕禄把此事通报给吕产和吕氏长辈，他们之中，有人表示同意，也有人表示坚决反对，犹豫之中一时未能决定大计。在此期间，吕禄对好友郦寄深信不疑，时常一起外出游猎。外出期间他曾去拜访姑母吕媭（樊哙之妻），吕媭看到吕禄如此不知轻重，离军而出行，顿时大怒：“你身为上将军而轻易地离开军营，吕氏将要面临灭族之祸了！”这位很有政治斗争经验的老妇人，把家藏的珠玉宝器全都扔到堂下，口中喊着：“何必为他人守护这些东西！”（《史记·吕太后本纪》）吕禄对这番激切的警告，却未给以足够的重视。

局势更加紧张，太尉周勃决意直闯北军。当时为皇帝掌管符节的是纪通，其父纪信在楚汉之争时，做刘邦的“替身”而殒命，是刘邦不曾忘恩的少数人物之一。纪通作为功臣集团的第二代人物，是周勃、陈平的"子侄辈"，他们之间保持着特殊的感情，有密切的联系，是不难理解的。在周勃、陈平的统一部署之下，纪通同意以其职务之便配合发动兵变，也就是"违规"动用手中掌管的皇帝符节以为凭据，假称奉小皇帝旨意，传令北军将士打开营垒迎接太尉入军。计划已定，但是，周勃依然心存不安：面对吕禄依旧坐镇北军的局面，周勃对能否如愿控制这支禁军，并无绝对的胜算。于是，周勃再次行险，命令身不由己的郦寄和身任典客职位的宗室人物刘揭共同去游说吕禄："皇帝让太尉管辖北军，希望足下回归封国。足下应立即交出将印，离开都城，否则，就要大祸临头了。"这是周勃的第二次假传小皇帝的圣旨以蒙骗吕禄。本来小皇帝是吕氏集团手中的傀儡，吕禄完全可以对所谓的"旨意"持怀疑态度，他也可以完全置之不理。但是，这位身居危局中的吕禄，不知是缺乏政治斗争的经验，还是过于率真易骗，他在如此危急关头，却天真地认定好友郦寄不会欺骗自己，居然听从了他的建议，把大将的官印交给了典客刘揭，并且把指挥北军的权力转交给太尉。吕禄自认为交出兵权之后，即可保证自身的安全，很快就按照双方的约定从北军营垒中撤离而回归私宅。太尉周勃得知吕禄真的离开了北军大营，喜出望外，随即在纪通的护卫陪同之下，闯入北军大营。在成功地闯入北军的军门之后，周勃确信发动北军将士以驱逐吕氏势力已经是稳操胜券，于是立即传令北军营垒：“拥护吕氏的，袒露右侧臂膀；拥护刘氏的，袒露左侧臂膀。”北军将士早就对吕氏的恃势凌人心怀不满，又见在军队中深孚众望的太尉周勃已控制了北军，全都“左袒”拥刘。周勃以“安定刘氏天下”来激励将士，北军将士在周勃的指挥下，杀出军营，控制了宫殿区和整个长安城的要害地段，成为诛灭吕氏的决定性力量。(《史记·吕太后本纪》)

当时，吕禄仓促撤离北军，都未来得及向相国吕产通报。吕产当时不仅身为相国，执掌全国的最高行政权力，而且直接掌控对南军的指挥之权。他当时已经得知了来自荥阳前线的确切消息：灌婴散布都城会有异变出现。吕产心中焦虑不已，准备以非常手段应对危局。吕产得知这一重大消息时，恰巧代行御史大夫职责的平阳侯曹窋在场。吕产也不具备政治家的应变能力，在心慌意乱之时，居然对曹窋未曾采取起码的控制措施。这位曹窋是已故相国曹参的儿子，也属于功臣集团第二代的人物，事关共同的命运，他立即把吕产的应变之谋驰告丞相陈平。丞相陈平当然洞悉大局，他深知：与吕氏集团的决战时刻就在眼前，不能有任何的犹豫，原本曾经有效的虚与委蛇的手段，此时已经完全没有意义了，生死成败，决于须臾。陈平果断地传召朱虚侯刘章前往辅佐太尉周勃。太尉周勃得此强助，声势更盛。他命令朱虚侯刘章监控北军的军门，又令平阳侯曹窋前往驰告负责未央宫警卫的卫尉：

"严禁相国吕产进入未央宫的殿门。"

此时的相国吕产，并不知道吕禄已自行离开了北军营垒，他意识到形势危急，功臣集团出现了异动，吕氏外戚集团的命运堪忧。他有意拼死一搏，就来到未央宫门前，意图入宫控制小皇帝，以小皇帝的名义发起对功臣集团的反击。但是，殿门的禁卫武士根据平阳侯曹窋传达的太尉周勃的命令，阻止吕产入宫。吕产面对禁卫军的阻挠，完全没有突破危局的手段，在宫门外边来回走动，表现出焦急不安的情绪，一时不知所措。藏身宫内观察情况的平阳侯曹窋，担心宫门卫士挡不住吕产硬行闯宫，就骑马急奔来到北军大营，向坐镇指挥的太尉周勃告知宫门前的对峙情况。太尉周勃此时仍然担心没有铲除诸吕的十分把握，不敢公开对外宣称要诛灭吕氏，就派遣朱虚侯刘章前往增援，周勃对刘章下达的命令是："急速入宫保卫皇帝安全。"这是一句可以有不同理解的话，在某种程度上反映出周勃在没有胜算的情况下，还保留着万一失利还要与吕氏集团解释和妥协的余地。而此时的朱虚侯刘章，作为宗室子弟的精英人物，却有着敢作敢为的魄力和勇气。受命之后，刘章向太尉周勃请求调拨军士归自己统领。周勃当然对刘章寄予厚望，拨付北军精兵千余人给刘章。率军前来的刘章来到未央宫门，见到吕产站立门外。当时，已经接近晚饭时分，日色渐暗，刘章判定吕产在昏暗中无法判明自己率军前来的用意，就直接向吕产发起进攻。吕产完全出乎意料，只好仓促逃跑。似乎上苍有辅助灭吕之心，天风大起，导致吕产带来的军队和诸多官员乱作一团，无人敢与刘章所率北军精兵抗衡格斗。刘章奋勇率兵紧紧追赶吕产。吕产走投无路居然藏身到郎中府的官吏厕所中。被刘章和所部将士斩杀在厕所内。

此时的朱虚侯刘章，以其敢作敢为的禀赋，纵兵宫禁，无所顾忌。在他诛杀吕产之后，小皇帝派出了谒者“持节劳朱虚侯”。这分明是希望朱虚侯刘章立即停止在宫殿区的用兵行为，但是刘章根本不把小皇帝的尊严放在眼中，他甚至要抢夺谒者持有的皇帝节信。谒者坚执节信不肯放手，朱虚侯刘章居然跳上了谒者所乘坐的车辆，凭借着车上有节信标识，在宫中随意驰走，借助这个便利条件，又在宫廷内斩杀了长乐卫尉吕更始。刘章此举，消除了吕更始统领长乐宫禁卫军队负隅顽抗的潜在风险。相国吕产、长乐卫尉吕更始先后被刘章所杀，成为喋血宫廷、敢于杀戮的关键人物。刘章在宫殿区内连续得手后，驰入北军，向太尉周勃报告。太尉起身，拜贺朱虚侯刘章：“所患独吕产，今已诛，天下定矣。”至此，吕氏集团的败局已定。周勃已经不需要再留出和吕氏周旋的余地。于是，周勃随即传令逮捕吕氏男女，不分老幼，全部诛杀。随后，捕斩自动放弃了军权的吕禄，并且笞杀吕媭。（《史记·吕太后本纪》）周勃与陈平主导的宫廷军事政变，获得了全胜，长安的政局完全受控并稳定下来了。

吕禄擅离北军营垒而且不向吕产通报情况，吕产虽然发现局势诡异却没有断然决策，身为相国重臣又有统领南军的大权，却受制于未央宫禁卫将士的阻挠而无法冲入宫内控制小皇帝，更没有任何发起反击的有效手段，最后成为在宫殿区内被人追杀而死的悲剧人物。由此可见，吕产和吕禄尽管被吕太后委以重任，授予分掌朝廷文武大权的要职，但是，这一对吕氏外戚的“官二代”首要人物，在激烈的高层政治斗争中，根本不是老谋深算的周勃、陈平等功臣集团人物的对手，甚至也不及敢于任事的朱虚侯刘章有勇敢断。就此说来，吕氏集团在功臣集团和宗室集团的联合反攻之下完败，实在是无法更改的宿命。

吕禄的姑母吕嬃，下场很惨，这位老妇人是被活活打死的。吕嬃的丈夫樊哙本来是功臣集团的核心人物，但是由于吕嬃是吕太后的亲妹妹，在吕氏外戚集团中表现出富有政治眼光，是一个敢下杀手的“狠角色”。而且她对大局的判断水平远在吕禄之上，假如吕禄能够听从这位姑母的警告而严守北军营垒、控制宫禁要地、监护小皇帝以免被政敌所利用，恐怕周勃与陈平等人剿灭吕氏集团的设想也很难实现。所以，当时的吕嬃被功臣集团的人物视为重要威胁。在吕氏集团丧失了对权力的控制之后，吕嬃被政变的发动者活活打死，她和樊哙所生的儿子也被无情地杀死，就都在情理之中了。

清代的历史考据学家王鸣盛，在他的代表作《十七史商榷》卷九中，设有“尽杀诸吕”一条，他说：“周勃、陈平、刘章既诛产、禄，悉捕诸吕，无少长男女皆杀之，并樊哙之妻吕媭及其子伉皆杀之，除恶莫若尽，此之谓也。惟其能断，故能定乱。”发动宫廷军事政变的核心人物，在控制大局之后，把吕氏集团的成员不分男女老少全部诛杀，从一般世情人心而言，未免有诛杀过当的残暴，但是王鸣盛却把此种做法归类为除恶务尽之举，给予肯定。看惯了历史上政治报复血腥的人，很容易在评论残酷的政治斗争时表现出近乎无情的“理性”。

言归本题。在灭族大祸临头之时，吕禄才得知好友郦寄出卖了自己，后悔莫及。而郦寄则于当年继承了父亲的封爵，安享荣华富贵。

在这场诛杀吕氏的事变中，原本知名度不高的郦寄发挥了十分微妙的作用。如果不是他凭借私人交谊而诱骗吕禄，使之交出了对北军的控制和指挥大权，为周勃控制北军提供了前提条件，只怕周勃等人也无法施展他们的奇策妙计。“郦寄卖友”成为这次重大事变的关键环节之一。当时的社会舆论，对功臣集团动用特殊手段剿灭吕氏集团都表示拥护，但对于郦寄出卖好友的行为，却多有指责。司马迁特意记下一笔：天下人指责郦寄卖友。语气之中充满了鄙夷之感。因为在司马迁等人看来，利用朋友的信任而误导朋友、出卖朋友，是违背人伦纲常的；朋友之交应该是独立于父子关系、君臣关系的，相互间不存在主宰与服从的关系。所以，郦寄的行为，尽管有为了保全父亲而出卖朋友的特殊背景，仍不能为社会舆论所饶恕。

人们的伦理观念，也随着政治局面的演进而改变。在君臣、父子伦理被强化之后，朋友之交就被降格了。司马迁等人所谴责的“郦寄卖友”行径，到东汉班固眼中，就成了一种应予以理解和肯定的人生选择了。他在《汉书·樊郦滕灌傅靳周传》的“赞”中，特意为郦寄的行为辩解:“所谓的卖友，是指见利而忘义的行为。至于郦寄并非如此，他父亲本是汉家功臣，而又受到周勃等人劫持，郦寄为了安定国家、保全君亲，纵然是毁灭了好友吕禄，也是完全正当的行为。”这种伦理观念的微妙变化,实在令人回味。臣子对于君父的伦理，被赋予了不可侵犯的神圣性，与之相比，原本最为纯洁的朋友之信，则变得无足轻重，这是政治伦理对于人类情感的奴化过程，或者称之为“驯化过程”。

对“郦寄卖友”的评论,自可见仁见智。在我看来,讥责郦寄“卖友”，在强调朋友伦理的独立性上，确有其意义；但是，更应该看到，郦寄“卖友”的原因，恐怕不是像班固所理解的，是出于“君亲大义”，倒极有可能是“势利”作祟。郦寄和吕禄，同为西汉开国新贵的子弟，他们之间的交情，根本不可能建立在道义的基础之上，而只能是势利之交。当吕氏大权在握之时，郦寄百般结交吕禄，不外乎是为了在仕途上得一强援。而周勃、陈平等人合作的倒吕阵营一旦形成，有政治经验的人，都认定吕氏必亡，郦寄自然不甘心与吕氏玉石俱焚，他的“卖友”就成了一种最佳选择。司马迁在《郑世家》所引用的俗语，“以权利合者，权利尽则交疏”，正好是对郦寄、吕禄之交的一种注脚。以势利相交的贵公子们，在大难临头之际，谁还能指望他们之间可能“相濡以沫”？

周勃在完全控制局面之后，还有若干重要的善后之举。周勃派人诛杀了燕王吕通，并罢废与吕氏集团关系亲密的鲁王张偃。他派遣朱虚侯刘章前往荥阳，“以诛诸吕氏事告齐王，令罢兵。灌婴兵亦罢荥阳而归”(《史记·吕太后本纪》)。齐王刘襄率先举兵声讨吕氏，为都城内部发起“诛吕之役”提供了大前提。但是，朝廷政局变化到由功臣集团控制大局之后，齐王刘襄以及他的弟弟朱虚侯刘章纵横得势的好日子，也就成为过去了。其后，他们不得不在被压抑之下，设法自保，度日如年了。

在吕氏集团得势之时，依附于他们的一批朝臣，自然也受到了处罚和清洗。我们从左丞相审食其“幸免”被杀，可以看出宫廷军事政变成功后的政治清算。史载：“吕太后崩，大臣诛诸吕，辟阳侯与诸吕至深，卒不诛。计画所以全者，皆陆生、平原君之力也。"（《汉书·朱建传》）平原君是当时的智者朱建。要想看懂这句话的内涵，参见前文的叙述。如果没有陆贾和朱建事前事后的运筹，以审食其在朝廷大臣中的"吕太后幸臣"的定位，一定难以幸存。再由此推论，在吕氏集团被推翻的过程中，必定有平常的攀附者受到株连。政治大变局中的无情，是不难理解的。

回顾从吕太后临朝称制到诸吕被灭的这段风云变幻的历史，我们可以看到吕氏外戚集团和功臣集团、宗室集团之间错综复杂的关系及其残酷无情的斗争。吕氏集团在吕太后的掌控和安顿之下，曾经占有过优势地位，尤其是吕太后逝世前安排的人事格局，使吕氏一族的成员，分占要津，小皇帝是他们手中的傀儡，后宫归他们控制，朝廷的文武第一重臣由他们出任，北军和南军两支都城禁卫军被他们掌控，具体到长乐宫的卫尉也由他们担任——布局之严密，防范之周备，几近于无懈可击！可是，吕太后撒手西归之后不久，功臣集团和宗室集团的精英人物，巧妙谋划，内外配合，以三个前后相连的冲击波击碎了吕氏集团的层层设防，特别是设计夺回北军指挥权之举，堪称古代宫廷斗争史上神机妙算的一笔，周勃等人如愿以偿，以非常手段发起了雷霆一击，一举全歼表面上占尽先机的吕氏外戚集团。在整个过程中，读史者甚至看不到吕氏集团有何反制的措施，就一败涂地了！吕氏集团的第二代人物吕产、吕禄等人，身居高位，控制要津，却为何如此不堪一击？当年的吕太后不择手段地打破“白马之盟”，强行晋封吕氏为王，导致功臣集团和宗室集团心怀愤恨，也就导致吕氏在政治高层中处于孤立无援的境地。吕太后在位时，朝廷大臣迫于其权势，只能敢怒而不敢言，但是这种态势却是在累加积怨，等到吕太后一死，诸位大臣和宗室的联手灭吕之举，就防不胜防了。吕太后执意打破三大集团之间的微妙平衡，完全不顾政治禁忌，总归要为此而付出代价。吕氏集团第二代首要人物缺乏政治见识和处事手腕，则使得这场政局“翻盘”加速到来。

在诸吕被诛灭之后，汉家朝廷之上，围绕着拥戴谁做新皇帝的难题，展开了又一轮的明争暗斗，另外一番利害博弈。历史风云，原来可以如此变幻莫测！

4. 政治强人择立新君的标准

在诸吕被诛灭之后，如何处置困居宫中的小皇帝，是胜利者必须面对的政治难题。小皇帝尽管因为年幼而未曾亲自处理朝政，但是，他是当年吕太后以“惠帝之子”的名义而一手册立的，其即位是完全合乎程序的，朝廷的达官权贵都曾经对他俯首称臣。就政治名分而言，发动此次宫廷军事政变的功臣集团和宗室集团的所有人，都曾经在这位小皇帝面前俯首陈臣。君臣名分横亘在他们之间，这是不可否认的事实。精通政治斗争奥妙的宫廷军事政变的发动者和参与者，都明白一个基本的道理：这位小皇帝的帝位来自吕氏集团的拥立，尽管在吕氏集团执政时，他只是一具傀儡；但是他和吕氏集团确实有荣辱与共、休戚相关的特殊关系。如果周勃、陈平、刘章等人在铲除诸吕之后，依旧拥戴被吕氏扶上帝位的小皇帝，假以时日，小皇帝慢慢长大成人，总有一天他将会大权在握，而发起“诛吕之役”的群臣，年岁逐渐变老，他们手中控制的权力终究会旁落，那时，如果皇帝心中感念吕氏拥立之恩而对诛杀吕氏的诸臣心怀怨恨，君臣该如何相处？诛吕群臣是否能够得以善终？对于群臣而言，这是一个不敢面对，甚至是不愿意设想的局面！

为了防止被“秋后算账”，现在胜券在握的诛吕群臣，出于自身安全的考虑，最稳妥的处置方式，一定是废黜乃至于杀害这位注定倒霉的小皇帝！这是当时的政治精英心中不必明言的“共识”。但是，在废黜小皇帝之后，该拥戴谁来做新皇帝？由于活动在政治舞台中心的人物立场不同，思考问题的路径各异，对这个问题却并非早有共识。由谁来继承帝位最为合适一度成为掌控了朝廷大局的高层人物难以决断的问题。

作为帝位的竞争者之一，齐王刘襄原本有他的优势：其一，他是汉高祖长子刘肥的嫡长子，比汉惠帝低一辈。一旦小皇帝被废黜，按照正常的思路，被推戴出来的新皇帝，应该是上承惠帝之绪，也就是惠帝的侄子一辈。而刘襄的辈分是合适的。其二，刘襄是宗室成员中敢作敢为的人物，政治能力很强。在吕太后死后，刘襄代表宗室的力量，率先起兵，公开打出了讨伐吕氏的旗号，形成了“诛吕之役”的第一冲击波。诛吕安刘，他确实有“首义”之功。其三，刘襄得到了他的弟弟朱虚侯刘章和东牟侯刘兴居等宗室人物的支持，如上所述，刘章在吕太后执政时期就是都城内刘氏宗室的实力派人物，在诛吕之役中又发挥过极为关键的作用，他是宗室中有特殊影响的人物。其四，功臣集团的首要人物，在诛吕之役的过程中，曾经与刘襄、刘章、刘兴居三兄弟有合作关系，双方当时是盟友。他们之间还有过一个秘密约定，即诛吕事成，封赏刘章和刘兴居二人到富足之地立国称王。（从后来的变局可知，这是功臣集团的首要人物周勃、陈平等人为了安抚和拉拢刘襄三兄弟而设的权变之计。）由此可见，当时的功臣集团首要人物，为了团结刘襄兄弟为其所用，真是用尽了心机。根据功臣集团对刘章、刘兴居兄弟的许诺来推测，我甚至怀疑：他们当时是否有过同意刘襄做皇帝的许诺，或者是某种暗示？

基于以上分析，齐王刘襄确实是皇位继承人的有力竞争人选。但是，出乎刘襄的意外，他遭到功臣集团与部分宗室人物的联合抵制。周勃、陈平等功臣集团成员，不顾刘襄在诛吕过程中的“首义”之功，不顾双方在诛吕之役中结成的盟友关系，坚决排斥刘襄做皇帝候选人，不论他们公开说出的理由是什么，最真实的原因却不难勘透：刘襄敢作敢为，有政治能力，有自己的“班底”可以依靠，这些本来可以视为优势的因素，却恰恰成为功臣集团头面人物排斥刘襄的真实原因。周勃、陈平等人，以发动宫廷军事政变的特殊手段，推翻了吕太后苦心安排的政治体制，以功臣加重臣的身份，完全掌控了朝廷大权，重新安排朝局，成为汉家朝廷事实上的主宰力量。对这种自古未见的“非常之举”，如何评价？是可以有不同判断的。尊他们是刘氏正统政权的保卫者，是“诛吕安刘”的“社稷之臣”，固然可以；贬他们是胆大妄为的“以下犯上”者，也未尝不可以！关键是由谁来做出评判。当然是拥有政治统治权的人。从周勃、陈平等人的切身利益，甚至是自身安全而言，他们必须把政治权力牢牢地控制在自己的手中，不敢交付给其他人，尤其不敢把统治权交付给一个敢作敢为而且有能力的人。正是由于这个原因，他们一定要排斥刘襄。假如刘襄当上皇帝，他一定是“政由己出”的强势君主，周勃、陈平等人只能被边缘化。所以，发动政变的功臣集团的诸位首要人物，不会接受刘襄做新君。当然，他们不会把选立弱势君主的内心标准公开化，在“台面上”说出的理由一定是冠冕堂皇的。而且，这些长期活动在政治中心的人物，富于政治斗争的智慧，在推选新君的关键时刻，他们把反对齐王刘襄的宗室人物推到风口浪尖上。在这样的背景之下，宗室成员中的重要人物出面表态了——坚决反对齐王刘襄做继任的皇帝人选。他就是那位在诛吕之役中被齐王刘襄玩弄于股掌之上的琅邪王刘泽。在刘襄起兵之时，派人去往琅邪国，以拥戴刘泽为诸侯联军首领的诈语，欺骗刘泽亲自前往齐国。结果是：刘泽被软禁，琅邪国的军队被齐王强夺而成为支撑齐王出兵的重要军事力量。受骗、受制于晚辈的这一过程，对于刘泽而言，无疑是一种耻辱。刘泽对于刘襄的权诈手段充满了鄙视和愤怒，完全在情理之中。刘泽被软禁于齐军营垒之时，他只是一个身不由己的傀儡，无法施展他的影响力。后来刘泽巧妙设计，侥幸从刘襄军中脱身，进入了都城长安。在新皇帝人选未定的背景之下，刘泽的特殊身份自然就有了特殊的分量：他是刘氏宗室成员同辈人中最年长的人，而且有封王之贵！此时的刘泽，尽管从血缘关系而言，距离“嫡系”偏远，但从年辈而言，他是无可置疑的“宗室大佬”之一，他说话的影响力之大不难想见。尤其是刘泽与朝廷大臣联手发声时，这种发言的权威性，就会被凸显出来。请看如下记载：

吕禄、吕产欲作乱关中，朱虚侯与太尉勃、丞相平等诛之。朱虚侯首先斩吕产，于是太尉勃等乃得尽诛诸吕。而琅邪王亦从齐至长安。大臣议欲立齐王，而琅邪王及大臣曰：“齐王

母家驷钧，恶戾，虎而冠者也。方以吕氏故，几乱天下，今又立齐王，是欲复为吕氏也。……”(《史记·齐悼惠王世家》)

司马迁的这段文字，简要地回顾了诛吕之役的过程，对于朱虚侯刘章发挥的作用使用了点睛之笔；在否定刘襄做新君候选人方面，则突出了琅邪王刘泽的作用。紧随其后发言的“大臣”身上，分明可以看到周勃、陈平诸人的影子。他们否定刘襄的理由，似乎很有现实依据：齐王刘襄的母舅驷钧，是充满恶戾之气的人，被形容为“虎而冠”的可怕人物。前不久正是因为吕氏外戚集团的原因，几近于搞乱天下，如果现在我们选立齐王，以其母舅家族的强横，无疑是又扶立了另外一个吕氏集团掌权。刘泽提出的这个理由，真是高明！对于刚刚从吕氏专制阴影下挣脱出来的功臣集团和宗室集团的成员而言，防范再度出现一个强大的外戚集团，是根本性的政治大局，其中有沉痛教训在先啊！这个理由，无疑是当时掌控朝廷大局的两大势力集团的“最大共识”。于是，齐王刘襄就被轻而易举地否定了。而最有讽刺意味的是：在讨论否定刘襄的过程中，甚至未曾涉及对刘襄本人的任何评价！他的执政能力如何，才识胆略如何，在诛吕之役中的“首义”之功该如何看待，此类问题都不在讨论的范围之内！只因为齐王刘襄有这么一位被宗室和大臣认定为“恶人”的母舅驷钧，他就被从根本上被排斥出局了！甚至不给刘襄本人任何辩白的机会！

读史至此，我们不妨设想一下：当时的刘襄在得知这个否定他的“理由”之后，该是何等感受？他的母舅驷钧，是否如刘泽所说的那般凶恶暴戾，其实历史上再无可以印证的记载。我们可以查核得知的就是：在刘襄决策起兵反吕的过程中，驷钧是关键性的辅佐人员之一。就此而言，驷钧本来应该是诛吕之役有功之人。但是，在“宗室大佬”琅邪王刘泽与功臣集团的首要人物共同发声的大格局之下，不仅驷钧本人无法为自己辩护，而且齐王刘襄也被排斥出帝位候选人的范围。

在齐王刘襄被排除之后，还有一位宗室诸侯王曾经出现在帝位候选人之列，他就是淮南王刘长。这位宗室诸侯王的身世、性格、命运都富有传奇性。淮南王刘长，是汉高祖的少子。其母赵氏，本来是赵王张敖的美人。高祖八年（前 199），刘邦出征路过赵国，心怀忐忑的赵王不知道该如何讨好当今天子（也是岳父）了，居然把自己的赵美人进献给皇帝侍寝。刘邦的“好色”在历史上是有名的,也就“来者不拒”。从张敖的“殷勤进献”来推测，这位赵美人应该很有姿色。她被汉高祖刘邦“笑纳”，并有了身孕。在刘邦离开赵国之后，赵王张敖不敢再把赵美人接入自己的内宫了，专门为她在王宫外面修建了一处高规格的房舍，安顿她住在其中。其后不久，张敖的几位臣子贯高等人因为刘邦对张敖的傲慢无礼而筹划谋杀刘邦，后来密谋败露，朝廷严厉查处这次未遂的“谋反”行为，赵王张敖本人也被逮捕受审，赵王的母亲、兄弟、美人都被逮捕，拘押在河内郡。已怀有高祖“龙种”的赵美人，也被拘押。她向审案官吏报告:“得幸上，有身。”官吏赶紧报告给皇帝，当时的刘邦正在为赵王张敖一案怒火高涨，就未加理会。赵美人的母弟赵兼打通辟阳侯审食其的关系，向吕后求救。没有想到的是，吕后为人嫉妒，不肯在皇帝面前给怀有身孕的赵美人说好话。而那位辟阳侯审食其也未曾强争。为人刚烈的赵美人，等到分娩生下儿子之后，在极度恚怒之下，即自杀身亡。等到有关方面的官吏把这位可怜的小皇子送给了皇帝，刘邦才为这位小皇子早失母亲而后悔，特令吕后做小皇子的母亲，负责收养和照顾他，厚葬赵美人于祖居之地真定。高祖十一年（前 196）十月，淮南王英布反，刘邦亲征平叛，册封少子刘长为淮南王，尽王英布故地，凡四郡（九江、庐江、衡山、豫章）。刘长即位时，年仅三岁。可见刘邦对于刘长，确实有高龄父亲钟爱少子的常人之情。由于刘邦特命吕后收养刘长，所以刘邦逝世之后，在吕氏当政压抑和打击宗室成员之时，刘长并没有受到伤害，因为他是在吕氏的照拂之下成长起来的。“厉王蚤失母，常附吕后，孝惠、吕后时以故得幸无患害。”（《史记·淮南衡山列传》）其实，当时的决策者否定刘长做新皇帝的真实原因，也必定是考虑到他与吕氏集团关系密切这个政治因素。当然，摆到台面上否定他的理由是：“欲立淮南王，以为少，母家又恶。”（《史记·吕太后本纪》）议立新君是在诛吕之役之后不久，也就是吕太后八年（前180）九月，刘长已经是19岁的青年了，以“年少”的名义否定他的继位称帝的资格，其实有点勉强。至于“母家又恶”的理由，也很不充分。因为史书上所记载的刘长母家人物，只出现过母舅赵兼，他的所作所为只有为了营救妹妹赵美人拜托人情而已，未见其他劣行。由此可见，“母家又恶”并不符合事实，只是操纵朝政的周勃、陈平、灌婴等人刻意排斥与吕氏关系密切的皇子继承大位的借口。而且，这个借口与排除齐王刘襄的理由又可以呼应，一切都是那样“顺理成章”。

在先后排除了齐王刘襄和淮南王刘长之后，操控朝廷废立大计的周勃、陈平等人，选定的皇位继承人是谁？原来他们选定的是刘邦之子、代王刘恒。为什么要选择代王“入继大统”？被推举出来代表政治实力人物出来说话的，还是“宗室大佬”琅邪王刘泽。如下一段话，在《史记》中记载，出自琅邪王刘泽和大臣的意见：“代王母家薄氏，君子长者。且代王又亲高帝子，于今见在，且最为长。以子则顺，以善人则大臣安。”（《史记·齐悼惠王世家》）这段话，把推戴代王刘恒的理由，分为三层意思做了说明：首先是代王的母家薄氏是温顺的“君子长者”，这里强调的既是与吕氏外戚的不同，也在巧妙地与排除齐王、淮南王的理由兼做呼应。其次是说代王是高帝的亲生儿子，是健在的高帝诸子中最年长的一位。最后总结出选择代王继位的两大政治优势：推举高帝的儿子继位在体制上顺理成章，推举善人继位则让大臣心安。

这个择立新君的理由，在当时是得到朝廷大员的共同认可的，可以说道出了他们内心的真实想法。至于其中的内涵，很值得琢磨。如前所述，在吕氏被铲除之后，诛吕之役的发动者，废黜由吕氏拥立的小皇帝，符合政治利害的一般逻辑，是可以理解的选择；但是，如果不准备贬黜汉惠帝的正统地位，本来就该推举比汉惠帝低一辈的皇室子孙继位，也就是应该在高帝的孙子、惠帝的侄子一辈中推举才是（如果按照这个思路，齐王刘襄应该是在这个备选范围之内的）。但是，真正的主宰者内心认定了代王刘恒是理想化的继位者，就不顾辈分地硬要选择惠帝的同辈兄弟来做新君。这些政治强人，为了贯彻自己的意图，在推举现场根本不容许有人提出新君辈分的问题，反而先声夺人地声称"以子则顺"，把他们出于私心而做出的打乱辈分的选择，说成顺理成章，真是强词夺理、霸道至极。按照西周王朝确立起来的制度通则，每一代的天子庙制，都应该是按照"昭穆制度"为序，相邻的两位天子应该是上下辈的关系。按照政治强人的意见而推戴代王刘恒来继承汉惠帝，从天子宗庙制度而言，是不符合常规的，也就决定了刘恒身后的天子庙制是无法按照“昭穆制度”的辈分来安排的。可是，政治强势人物内定的人选及其理由，是无法在推举中被讨论、被否定的。现在，请我们聚焦于强势人物“看中”代王刘恒的最根本、最真实的原因——“以善人则大臣安”。这里的“善人”，首先应该理解为承前所说的“母家薄氏，君子长者”，也就是代王刘恒的母家外戚不是强势人物；其次，也可以理解为当时主宰朝廷废立大权的人物公认刘恒本人为人温顺，也就是便于控制。

周勃、陈平等人选定代王刘恒做皇位的继承人，对外的说法不论有多少理由，其实最关键的就是认定刘恒和他的母家外戚“温顺”。“代王立十七年，高后崩。大臣议立后，疾外家吕氏强暴，皆称薄氏仁善，故迎立代王为皇帝。”（《汉书·外戚传上》）根据这条历史记载透露出来的信息，大臣们更看重的是刘恒之母薄氏“仁善”这个条件。似乎刘恒被推戴为帝位继承人，很大程度上是沾光母亲的“仁善”之名一般。这固然可以理解为朝廷大臣在经历了吕氏外戚的强势凌辱之后，实在不愿意再次出现类似于吕氏的外戚集团盘踞于朝廷之上。大臣们看重的不仅是刘恒之母薄氏为人的“仁善”，更注意到她没有强势的家庭背景，也就是没有太多可以供她提拔、重用的娘家人。这就要从薄氏曲折而孤寂的“后宫传奇”说起了。

秦末群雄蜂起，魏豹自立为魏王。此时，出身于平民家庭的薄氏，被送进了魏宫，成为魏豹的姬妾。偏偏薄姬的母亲多事，曾经带着她去找号称精通相面之术的许负，请许负给薄姬看相，许负断言此女“当生天子”。当时，项羽和刘邦在荥阳一带对峙争雄，天下未有所定。魏豹本来是与汉王刘邦结盟击楚，等到他得知许负的相面之言，内心独喜，自以为他的姬妾将来要诞育天子，就自作多情地推断他必定有天子之运。因此脱离了与汉的结盟关系，先在楚汉之争的背景下中立，后来更与楚项羽结盟。汉王派曹参等人率军击败并俘虏了魏豹，将其封国改为汉军控制下的魏郡。魏豹失国之后，无力保护他的妻妾，薄姬被安排到织室劳作。后来魏豹在战争中被杀，汉王刘邦偶尔进入织室，见到薄姬稍有姿容，就下令将她纳入后宫。刘邦后宫本多美女，薄姬入宫后一年有余而未曾得幸，似乎刘邦忘记了薄氏的存在一般。薄姬年少之时，与管夫人、赵子儿结为好友，三人曾经有私密约定：“先贵无相忘。”后来管夫人、赵子儿在薄姬之前得到了汉王刘邦的宠幸。某日，汉王刘邦与两位宠妃并坐，这两位美人说起了薄姬当初与她们的约定，笑谈之中充满了嘲讽之意。刘邦闻听，细问其故，两人具以实情告知汉王。汉王刘邦毕竟有真性情的一面，为之心中惨然，对薄姬顿生怜惜之意，于是在当日就宣召她入见。乖巧的薄姬其实很会抓紧机会求宠：“昨暮夜妾梦苍龙据吾腹。”

刘邦回应：这是得有贵子的象征，我来成全你。结果是“一幸生男，是为代王”。“招幸”一次，就得以身怀“龙种”，这当然是一种幸运。但是，此后薄姬极少有机会再见刘邦。多年之后，汉高祖刘邦驾崩，曾经得到过他“御幸”的后宫姬妃都被吕太后视为“情敌”而被报复，都被加以幽闭，不得出宫。唯独薄姬因为很少见到高祖皇帝之故，不被吕太后嫉恨，得以出宫，跟从其子刘恒前往代国，得为代国的王太后。她的弟弟薄昭也跟随姐姐到了代国。(《史记·外戚世家》)这位薄姬被刘邦“御幸”一次就诞育贵子，后来又被刘邦冷遇的传奇经历，不仅使得她本人免受吕太后的妒火折磨，而且还从一个特殊的角度为其子刘恒入选为皇位继承人提供了重要的前提条件。她本人的“仁善”之名，再加之她的母家没有政治人物做支撑，唯一的弟弟薄昭既无弄权的野心，也无参与政务的能力，这些恰恰是周勃、陈平寻找皇帝继位人在“外戚背景”方面最符合要求的！历史的巧合和不可确知性，在这里可以令人哑然失语！回想当年的魏王魏豹，得知自己的姬妃薄氏被相面大师预言将会生育天子，他就不甘心做汉王刘邦的盟友而背汉自立，最后死于非命；而他的那位薄姬后来确实生育了贵子刘恒，多年后刘恒被群臣迎立为天子。相面大师许负的预言确实灵验了，但是，却与魏豹无关！

在排除齐王刘襄和淮南王刘长的过程中，功臣集团的核心人物，都曾经说到过一个理由：新皇帝背后的外戚，一定不能是有能力做坏事的恶人。这个理由应该从两个方面去加以理解：其一，这是一种政治借口；其二，这反映了他们的真实心态，在经历吕氏专权的种种危机之后，这批大臣实在不愿意再看到第二个强横的外戚集团出现。如下的故事，很能说明大臣们对强势外戚是如何心有余悸的。在汉文帝已经继位称帝之后，这些掌权的大臣，不仅要确保皇帝的"母舅"家族（也就是太后娘家）是温良之人，而且还要确保皇帝的"妻舅"家族（也就是皇后娘家）也是温良的人，真是堪称未雨绸缪、从长计议。汉文帝的正妻窦氏，出身贫寒之家，她的兄长，尤其是弟弟，在少年时代经历过生死诀别。史称："窦皇后兄窦长君，弟曰窦广国，字少君。少君年四五岁时，家贫，为人所略卖，其家不知其处。……闻窦皇后新立，家在观津，姓窦氏。广国去时虽小，识其县名及姓，又常与其姊采桑堕，用为符信，上书自陈。窦皇后言之于文帝，召见，问之，具言其故，果是。又复问他何以为验？对曰：'姊去我西时，与我决于传舍中，丐沐沐我，请食饭我，乃去。'于是窦后持之而泣，泣涕交横下。侍御左右皆伏地泣，助皇后悲哀。"文帝初立，当时的窦皇后没有任何干预朝政的迹象，她的兄长和弟弟又是天性低调与平和的人，没有任何插手朝政的条件和欲望。但是，即便如此，那些心存警惕的大臣们，还要从"教育"和"引导"入手，防止皇后家族出现强横之人：“绛侯、灌将军等曰：‘吾属不死，命乃且县此两人。两人所出微，不可不为择师傅宾客，又复效吕氏大事也。’于是乃选长者士之有节行者与居。窦长君、少君由此为退让君子，不敢以尊贵骄人。”（《史记·外戚世家》）由此可见，吕氏外戚集团掌权给周勃、灌婴等人造成的“心理创伤”是何等巨大！他们在可以预见、可以防范的范围内，竭力避免再出现一个强势的外戚集团，完全是合乎逻辑的选择。

更重要的是，在动用宫廷军事政变的特殊手段而废立皇帝之后，这场事变的发动者太需要一位便于控制的温顺皇帝在位了，他们排斥齐王刘襄继位的最真实原因也在这里。对此，我在前面做过分析。周勃、陈平等人的顾虑，当然不难理解。

至于周勃、陈平等人为何认定代王刘恒为人温顺？请回顾吕太后临朝称制时期刘恒的表现，他不是很低调、很温顺吗？至于刘恒在登上皇帝宝座之后，是否还是为人温顺、便于控制的人？其后不久，周勃、陈平等人就知道了！

5. 代王“入继大统”前夕：运筹和布局

既然议定要推举代王刘恒“入继大统”做皇帝，当时控制朝廷大局的功臣集团和宗室集团的代表人物，就必须做好如下几件事情，重点是从大局上和礼仪程序上为代王入京称帝做好准备，扫清障碍，其实就是要向他们选定的代王表达拥戴的诚意，也就是所谓的"输诚"。

第一，当务之急是要处理好齐王刘襄所统率的宗室"首义"之师。

这支军队曾经是宗室力量率先向吕氏集团发难的军事力量，但是，随着吕氏被铲除，代王受到朝廷群臣的推戴即将入京继位，形势与诛吕之役初起时相比已经发生了根本性的转变，还驻扎在荥阳雄关之外等待进止命令的齐国大军，地位就很尴尬了：齐国的军队一日不东归，关中的朝廷大臣就无法心安，而新皇帝也就不敢入京。这是控制了京城的功臣集团首领首先要解决的问题。

朝廷大臣压抑齐王的方式，分成两步走：

第一步，"大臣乃谋迎立代王，而遣朱虚侯以诛吕氏事告齐王，令罢兵"(《史记·齐悼惠王世家》)。这个被选拔出来前往齐王军营传达大臣决定的人选，真是高明极了！就让朱虚侯刘章去向乃兄刘襄报告朝廷的情况，假如换了别人，也许还有刘襄抗命之类的"花絮"出现，刘章奉命而来，不管兄弟二人在私下如何议论大臣们的用心，可以断言的是，刘章的复命一定是：齐王刘襄奉命撤兵。因为长安的大局已定，况且灌婴的大军就在荥阳虎视眈眈，刘襄兄弟不敢贸然反抗。所以刘章转达的大臣意见简洁明了，"令罢兵"，丝毫没有商量的余地。

第二步，挫辱齐王的自尊，向辅助齐王刘襄起兵的关键人物发起问责。这就是由身统雄兵的朝廷大将灌婴亲自出面，将齐国的统兵大将魏勃召到大营，当面追究责任。让我们一起来看看这段现场感极强的纪实文字：“灌婴在荥阳，闻魏勃本教齐王反，既诛吕氏，罢齐兵，使使召责问魏勃。勃曰：‘失火之家，岂暇先言大人而后救火乎！’因退立，股战而栗，恐不能言者，终无他语。灌将军熟视笑曰：‘人谓魏勃勇，妄庸人耳，何能为乎！’乃罢魏勃。”（《史记·齐悼惠王世家》）这段文字背后的内涵太值得琢磨了！灌婴以大将之威，以高压的态势，当面传讯魏勃，依据当时的情势和魏勃后面答复的内容来推测，一定是在追究他未奉朝廷征兵诏书和发兵符节，为什么敢破坏制度而擅自起兵？这是极为可怕的罪名！一时之间，魏勃的生命安危都在不可知之列。我们再简单回顾齐王刘襄的起兵过程：齐相召平发现刘襄有起兵作乱的异动，就把刘襄软禁起来，幸亏魏勃用计骗得召平的信任而反戈一击，召平被迫自杀，刘襄才被解除了囚禁。如果没有魏勃的机警运作，刘襄的起兵意图就无法实现，魏勃实在是辅佐齐王起兵讨伐吕氏集团的重要功臣。如果齐王起兵的本意得以实现而成为新君，那么，魏勃就是“佐命元勋”；但是，周勃、陈平与琅邪王刘泽联手，齐王被抑制的格局已定，协助他起兵的部下有可能要担负重罪了！魏勃违反制度的限制而大胆起兵的行为，是可以被视为谋叛的！正因为如此，洞晓利害、明于进退的魏勃用了最有效的方式为自己谋求脱罪。他在回答问责时，并不论证起兵讨吕的正义性（因为时局至此，这个“首义”之事已经不再是功劳了，多说无益），而是在承认自己的行为有过错的大前提之下，巧妙地为自己争取宽赦。魏勃所说的“失火之家”数语，主旨在于说明，如果一个家庭遇到火灾，迅速灭火是子弟的当务之急，根本来不及先禀报家长而后动手。出于同样的道理，国家大难临头，作为臣子来不及等待朝廷诏命下达才出手救难。这个答复，很见心机,没有“摆功”而“动机”自然显现,没有“告饶”而“心态”合情合理。再看魏勃在回答问题时所设计的形体动作，也是经过深思熟虑的！他双腿发抖，全身蜷缩，流露出恐惧和后悔，而且表现得特别不善于言辞，不敢再说其他的话语！灌婴逼视他良久，得出了一个结论：有人说魏勃勇猛，现在看来只是一个很平庸的人，他能够做成什么大事！于是，灌婴就饶恕了魏勃，不再追究他擅自起兵的责任了。从接受“审查”的严峻环境而言，魏勃处在极为不利的位置，最后的结果却是魏勃当时能够争取到的最佳结果了！由此而言，魏勃其实是转危为安的高手。他的言行所显现的“平庸”，必定是刻意做出来的，也就是免祸之术。从魏勃此前的多种表现而言，他是胸有成竹、谋定后动的干才。魏勃出身于贫困之家，早年间为了求见齐相曹参，不惜每天为曹参舍人清扫门前道路，由此而得到推荐而拜见曹参。曹参通过有限的几次接触，很欣赏他的才干，把魏勃推荐给齐悼惠王刘肥。悼惠王召见面谈一次，就任命魏勃担任内史的要职。后来，悼惠王刘肥逝世，齐哀王刘襄继立，魏勃继续得到重用，刘襄对他的倚重超过了齐相。(《史记·齐悼惠王世家》) 从魏勃先后得到曹参、刘肥、刘襄三位的欣赏和倚重而言，魏勃一定是有真才实学的人才。及至齐王刘襄起兵，魏勃又当机立断，扭转了被动局面。所以，魏勃是真正的人才，在灌婴面前他故作平庸无能之态，不仅保住了自己的性命，也给齐王刘襄减少了麻烦。假如魏勃不行避祸之术而被灌婴认定是可做大事的人物，只怕他和刘襄都会面临严酷的处置。

从以上两个步骤来看，当时主宰朝廷大局的周勃、陈平、灌婴等人，在决策拥戴代王继位之后，对压抑齐王刘襄真是毫不手软。

第二，派遣专使到代国，迎请代王刘恒入京继承帝位。

刘恒于高祖十一年（前 196）春，被册立为代王。代国远离政治中心，并非膏腴之地，又地处匈奴南下掳掠习惯性选择的通道上，得宠的皇子不会被封到这个地域为王；再加之，刘恒的生母薄氏在刘邦那里未曾得宠。洞晓世情的刘恒当然懂得这些道理，他安心在这偏远之地安身立命，从来没有奢望有朝一日可以返回都城继承皇位。可是，朝廷出现了意料之外的重大变故，随着诛吕之役的爆发与胜利，吕太后生前安排的朝廷格局被颠覆，她册立的小皇帝被推翻，关心朝政走向的人，对此都有明确的判断。谁做帝位继承人？代王刘恒作为高祖之子，当然也在关注着。对刘恒而言，"天上掉馅饼"的事，或许真有可能，至少，有这种机会可以期盼！

长安使者的到来，把这个幸运的机会，送到了刘恒的面前。"丞相陈平、太尉周勃等使人迎代王。"这个大臣的具名顺序，可以理解为在拥立代王为帝的决策过程中，丞相陈平可能发挥了比太尉周勃更为重要的作用。现在，对于代王刘恒而言，是否可以相信朝廷大臣的拥戴是发自真诚？进入被功臣集团控制的都城是否安全？作为远离都城多年的藩王，是否敢于登基称帝？刘恒一时难下决断，与其心腹大臣在一起密商。这些追随刘恒多年的代国大臣，对功臣集团成员有不同的看法，提出的对应措施分成两种：郎中令张武等人的意见是："汉大臣皆故高帝时大将，习兵，多谋诈，此其属意非止此也，特畏高帝、吕太后威耳。今已诛诸吕，新喋血京师，此以迎大王为名，实不可信。愿大王称疾毋往，以观其变。"这种看法，实际上接近于把功臣集团的核心人物视为叛逆，对失败了的吕氏集团隐含着同情，把迎接代王入京的敦请看作某种圈套，反对代王入京。另外的一种判断，发自中尉宋昌，他说："群臣之议皆非也。夫秦失其政，诸侯豪桀并起，人人自以为得之者以万数，然卒践天子之位者，刘氏也，天下绝望，一矣。高帝封王子弟，地犬牙相制，此所谓磐石之宗也，天下服其强，二矣。汉兴，除秦苛政，约法令，施德惠，人人自安，难动摇，三矣。夫以吕太后之严，立诸吕为三王，擅权专制，然而太尉以一节入北军，一呼士皆左袒，为刘氏，叛诸吕，卒以灭之。此乃天授,非人力也。今大臣虽欲为变,百姓弗为使,其党宁能专一邪？方今内有朱虚、东牟之亲，外畏吴、楚、淮南、琅邪、齐、代之强。方今高帝子独淮南王与大王，大王又长，贤圣仁孝，闻于天下。故大臣因天下之心而欲迎立大王，大王勿疑也。”（《史记·孝文本纪》）宋昌这段分析的高明之处在于：他不同意其他同僚对于功臣集团的怀疑，认定功臣集团迎接代王“入继大统”是出自真诚，而不会另有图谋。他这种准确的判断，不是建立在对于功臣集团核心人物个人道德的信任之上，而是从客观的天下形势做出分析。其要点有六项：（1）楚汉之争以项败刘胜为结局，天下人都认定刘氏的汉家政权是天命所归，其他人不敢怀有争夺天下的异念。（2）高帝以分封刘氏子弟为王的方式，建立起宗室藩国拱卫天子的强大根基，天下服其强。（3）汉朝廷开国之后，废除秦的苛政，减省法令，实施德政，百姓人人自安，政权难以动摇。（4）吕太后以其严威，对身后吕氏专权做了周密的部署，但是，太尉周勃凭借一道符节，进入北军，一声令下，全营将士都跟随他"左袒"而起兵，终于安刘灭吕。这体系的天命所归，并非人力可以妄求。当今掌权的大臣，即便心怀异念，也不得不顾忌民心所向，不敢保证他的同党不会中途变卦，所以也不敢再有异动。（5）更何况，现在刘氏宗室实力强大，掌权大臣势必顾忌京城之内有朱虚侯、东牟侯为宗室之亲，京城之外也要畏惧吴、楚、淮南、琅邪、齐、代等宗室藩国的强大。（6）现在高帝的儿子，唯独淮南王与代王健在，代王又年龄居长，贤圣仁孝之名闻于天下。所以可以据上述判定：掌权大臣顺应天下之心而诚意迎立代王，代王不必再心存怀疑。

宋昌的建言，是出自对天下形势、人心向背的深刻分析，可谓一言中的。刘恒在僻居代国多年的环境中，身边还有宋昌这等有政治见识的辅佐臣僚，也是他的幸运！当然，也可以看出，在代国为王的岁月，刘恒也曾低调地网罗人才。

代王刘恒听取了宋昌的意见，基本的判断在内心已经形成。但是，此事实在关涉重大，甚至可能决定他的生死，他不得不慎重决策。刘恒又与其母薄太后商量，依然犹豫未决。刘恒在狐疑之中、情急之下，找来了负责卜算的神职官员，让他使用神龟卜算之术，试看吉凶大数。"卜之龟，卦兆得大横。"占词是："大横庚庚，余为天王，夏启以光。"代王刘恒感到有点奇怪："寡人固已为王矣，又何王？"卜人回答："所谓天王者，乃天子。"得此占卜结果所示天意，代王才下定了决心，他派遣太后的弟弟薄昭前往长安，面见绛侯，绛侯等大臣向薄昭详细说明迎立代王的本意。薄昭还报代王：“信矣！毋可疑者。”代王这才笑着对宋昌说：“果如公言。”（《史记·孝文本纪》）于是，代王命宋昌参乘，与张武等六人乘坐朝廷重臣安排的专用车辆奔赴长安。这是迈出了代王“入继大统”的关键一步。

在刘恒决定接受朝廷大臣的拥戴而“入继大统”之后，并不意味着双方的合作进入了心无芥蒂的境界。准确地说，刘恒在进入皇宫正式登基之前，对于周勃、陈平等大臣的试探、戒惧之心，并未衰息。尤其是他们一行到达长安附近之时，刘恒与周勃等人的接触和言语交流，都带有“心机交锋”的痕迹。代国君臣行至高陵（汉高祖陵墓所在地，今陕西咸阳东），刘恒传令在此休止，派出了最为信赖的部属宋昌先行驰至长安观变。宋昌来到长安城北的渭桥（这是长安向北的主要通行大道所在，西汉的渭桥遗址已经通过考古发掘而得以确认），丞相以下朝廷百官都前来迎接，一切如仪。宋昌还报。代王这才真正放心了，他驱车驰至渭桥，群臣皆来拜谒称臣。代王下车回拜。太尉周勃向前说：“愿请间言。”这是申请和代王刘恒单独说话。代王的心腹宋昌最能体悟刘恒的心思，立刻以坦荡的心态拒绝了周勃的要求：“所言公，公言之。所言私，王者不受私。”太尉周勃闻言，就伏跪于地，奉上天子玺符。在这个敏感的场合，周勃突然提出要和代王刘恒说几句私下的话语，由于宋昌代表刘恒断然拒绝，无论是谁都无法猜测出周勃原本要说的话是什么了。从人之常情推测，大概不外乎表明推戴之诚，也就难免带有市恩，甚至是邀宠固权的色彩。在这个即将奉上天子玺符的特殊时刻，在这个百官俱在的现场，刘恒如果答应所请而与周勃秘密交谈，不论两人谈论的时间长短、内容如何，都可能被百官理解为接受了周勃的要挟，君臣之间存在着秘密交易。为了显示"王者无私"和君主威严，刘恒确实不方便同意密谈。从周勃提出密谈的要求来看，此时的周勃心中必有不安，作为发动宫廷军事政变的首要人物，他一定希望得到很快就是新君的刘恒当面表达的某种理解和许诺。其实周勃此举存在着不符合大臣之道的痕迹。读史至此，我很自然地把周勃此时的表现与齐将魏勃在汉家重臣灌婴面前的示弱言行联系到一起，至少，两位的心态是很相似、相通的。随着周勃在刘恒面前的伏地而跪并献上天子玺符，两人之间的君臣上下关系就明确地显示出来了。在这个场合的"心理较量"中，刘恒取得了完胜。而周勃，在私下说话的要求被严拒、不得不跪献天子玺符的那个瞬间，心中或许会闪过一丝念头：这位代王也许不是一个便于控制的君王吧！代王此前表现出的温顺善良的外表，是不是假象呢？当时的局势，已经不容周勃多想了。代王刘恒既然已经应约来京，后面废立皇帝的程序必须尽快完成。这也是宫廷军事政变发动者必须完成的善后工作。

在渭桥与朝廷群臣如仪见面之后，代王发出一道指令：有关朝廷事务“至代邸而议之”。代邸，是代国设置在京都的办事机构（类似于今日“驻京办事处”）。刘恒一行当即驱车驰入代邸。群臣跟从而至。场景转移，朝廷的诸位大臣进入了代邸，顿感主客移位。代王刘恒真是思虑周详，他不愿与群臣在渭桥议事，一来是避免露天议事，场面草率；二是改换到代邸之后，他作为主人，就掌控了主动权。

丞相陈平、太尉周勃、大将军陈武、御史大夫张苍、宗正刘郢、朱虚侯刘章、东牟侯刘兴居、典客刘揭等各方面的大臣再拜进言：现在皇宫内托名为惠帝之子的刘弘等人皆非惠帝之子，不宜于事奉宗庙。我们等与阴安侯共议，并与琅邪王、宗室、大臣、列侯、吏二千石议定，大王是高帝在世长子，宜为高帝的继承人。我们奏请大王即天子位。

这份请代王继承帝位的群臣奏议，有几处值得我们注意：一是身在现场、列名具奏的人，有足够的代表性，领衔的前四位，不仅是功臣集团的核心人物，也是朝廷最重要的四位高级官员（丞相陈平、太尉周勃、大将军陈武、御史大夫张苍），另外一位大将灌婴不在现场，是因为镇守荥阳重地，概可想见；其下的宗正，是管理宗室事务的专职高官；其下的朱虚侯刘章、东牟侯刘兴居、典客刘揭三位，有两个共同点，都是宗室中的成员，并且在"诛吕之役"中各有贡献。二是不在现场但是被表述为事先参加了共议的诸位，也都有特殊"符号"意义，其中的阴安侯，是汉高祖的嫂子（也就是那位早年间得罪过小叔子的长嫂，以至于影响到她的儿子受封为侯独晚，而且封号怪异），在汉朝开国之后，除了也被给了一个无足轻重的封侯爵号之外，几乎没有她的其他活动记录，现在，这位老太太也被"抬"出来了，因为她的辈分比汉惠帝还要高；琅邪王刘泽被列名在其他宗室王之上，除了考虑到他的辈分、年龄之外，还有一个因素也一定发挥着作用——他是宗室成员中最早明确提议否决齐王而拥戴代王的人。三是接受他们拥戴的刘恒确立了世系位置——上承汉高祖的帝业。这真是一个充满政治智慧的定位。本来，这场宫廷军事政变的发动者，不论是宗室力量的代表齐王兄弟，还是功臣集团的首领周勃、陈平等人，此前打出的旗号，都是声讨吕氏集团专权，有危害刘氏基业的"谋反"预谋，根据他们的诉求，他们只应该否决吕太后册立的小皇帝，择立的新君应该是汉惠帝的继承人。我在前文中曾经做过分析，依据上述逻辑，从继位之君的"辈分"而言，齐王刘襄符合条件，而代王刘恒是不符合条件的。掌控了朝廷大权的开国功臣首要人物，一定是意识到了他们选定的"继位新君"

刘恒的辈分有不稳妥的地方，所以，在拥戴“上位”的正式场合，他们给刘恒的世系定位予以了重大调整：刘恒不是上接惠帝之业，而是直接继承汉高祖！如此一来，刘恒是“子继父业”，辈分上，完全无碍了！当然,由于这个调整而“吃亏”的只能是汉惠帝了！如此一来,汉惠帝在将来的宗庙系统中,只好算是“旁支斜出”了，而他的弟弟代王刘恒则成为继承汉高祖基业的“正统”！汉惠帝在世时，受制于其母吕太后而大权旁落，已经是活得窝囊了；没有料到，在他死后多年，在凌驾于他之上的吕氏外戚集团被清除之后，他却从宗法体系上被定位为“非正统之君”。给他以这样“待遇”的，就是被誉为重新安定汉室的周勃、陈平等功臣首领。假如汉惠帝地下有知，会勃然大怒，还是不知所措？进一步猜测，能够做出如此重大调整的，必定是谋略出众的人物，周勃之智不及此，决策者极可能是丞相陈平。或者是陈平和宗正刘郢等人共商而提出了如此高明的调整方案。如此一来，代王“入继大统”的“世系难题”已经得到了解决。

在君臣之间就继位问题实际上达成默契之后，刘恒还做出了若干表面上的谦让。代王曰：“奉高帝宗庙，重事也。寡人不佞，不足以称宗庙。愿请楚王计宜者，寡人不敢当。”这当然是大政治家在受群臣推戴为帝之前必有的“谦让”，表面文章还是要做的。只是，我感觉很有意思的是：代王刘恒所说的楚王，是楚元王刘交，也就是刘邦的小弟弟。这位楚王刘交，是个聪明人，知道作为诸侯王如果对政治问题表现得太有兴趣，极可能招来麻烦，所以他不问政事，醉心于收集和整理古代文献，他对《诗经》有很专业的研究，有《元王诗》传世。他统治下的楚国，是当时的一个学术研究中心。就是如此一个刻意与政治保持距离的宗室诸侯王，居然也被代王刘恒在表示辞让天子尊位的时候“抬”出来了。刘恒为什么要借重楚王刘交的名头？我认为最大的可能是回应陈平、周勃等人“推戴”奏请中的一个具体语境：群臣在借用宗室人物名义的时候，第一个被借重的人，是汉高帝的长嫂，而刘恒的回复则抬出了汉高帝的弟弟。虽然这两个人都是汉高帝的同辈人，但是，弟弟总比长嫂更为亲近，尤其是在讨论宗室事务的时候，刘姓的弟弟更比外姓的嫂子要重要得多。如果我的分析大致不错，读者不难体悟出刘恒的心机之深：在大局已定的背景之下，他在所有的细节上，都要努力显示出他与朝廷群臣相比，思虑更为周全，境界更为高远！代王刘恒通往皇帝宝座的每一步，都潜藏机心交锋：“时空选择、话语对答，有意无意之中，无一不是较量”。

后面，“程序”和“表演”当然还是要按顺序做起。

群臣都伏地坚请。代王先是西向而坐，表示辞让者三次，再改为南向而坐，表示辞让者两次。古代上层人物的座位朝向，历来有明确的政治内涵：南向而坐，就是“南面称尊”，刘恒在这个方位上与群臣相见，其实已经是以天子身份朝见群臣了！只是，“辞让”的政治作秀还要继续下去。其实，统治者做点表示“谦让”的表面文章，世人应该表示庆幸！这表明统治者还不至于完全不要脸面了。最怕的就是他们什么脸面都不管不顾了，强取豪夺。所以，对政治高层的“作秀”，读史者不能简单地以“虚伪”加以否定。丞相陈平领衔上奏：“臣伏计之：大王奉高帝宗庙最宜称，虽天下诸侯万民以为宜。臣等为宗庙社稷计，不敢忽。愿大王幸听臣等。臣谨奉天子玺符再拜上。”代王刘恒也就顺水推舟地准奏了：“宗室将相王列侯以为莫宜寡人，寡人不敢辞。”遂即天子位。群臣以礼次侍。(《史记·孝文本纪》)

第三，为新皇帝“清宫”(又称“除宫”)。

这也是功臣集团在他们拥戴的新皇帝进入皇宫之前，必须做的一件事。那位由吕氏集团所拥立的小皇帝，在功臣集团发动的宫廷军事政变得手后，就被软禁在皇宫之内。他的皇帝玺印都被夺走，已经失去了人身自由。现在，接受推戴的新皇帝刘恒即将入宫，这位从来未曾主宰过自己命运的小皇帝，只能接受更加悲惨的命运了。“清宫”当然是很棘手的事情。以臣废君，从来都是非常之事，更不必说以臣弑君了！这是高层政治斗争中的“脏活”！以周勃、陈平为首的开国功臣集团成员，都熟知官场规则和潜规则，对这样的“脏活”，他们都不愿意亲自经手。由宗室成员中的人物来做"除宫"的事，也就是由刘氏子弟来"自我纠错"，在帝制时代的环境下，有其合理性。宗室成员出面清除在位皇帝，至少要比异姓功臣们更为便利，或者说他们的心理顾忌要小了许多。在这个特殊时刻、敏感问题上，宗室子弟、齐王刘襄的弟弟刘兴居，挺身而出了。他自告奋勇担当"除宫"重任。不得不说，他是"除宫"最合适的人选。请看如下记载：刘兴居"以东牟侯助大臣诛诸吕，功少。及文帝从代来，兴居曰：'请与太仆婴入清宫。'废少帝，共与大臣尊立孝文帝"(《史记·齐悼惠王世家》)。被请出来一起主持"清宫"的另外一位官员是担任太仆多年的滕公夏侯婴。刘兴居推荐夏侯婴共同"清宫"，也是很有政治考虑的。夏侯婴早在汉高祖时期，就担任太仆之职，是刘邦的心腹，他本来也是功臣集团的人物。因此，刘兴居与夏侯婴联手"清宫"，也象征着宗室集团和功臣集团共同承担责任。太仆的职责，本来就是掌管天子的车御之事，"清宫"的过程，肯定要在皇宫中动用车辆，所以由太仆出面，最为方便。另外的一处记载，把刘兴居的"主动性"描述得更为清晰，场面也更为残酷无情："东牟侯兴居曰：'诛吕氏吾无功，请得除宫。'乃与太仆汝阴侯滕公入宫，前谓少帝曰：'足下非刘氏，不当立。'乃顾麾左右执戟者掊兵罢去。有数人不肯去兵，宦者令张泽谕告，亦去兵。滕公乃召乘舆车载少帝出。少帝曰：'欲将我安之乎？'滕公曰：'出就舍。'……

夜，有司分部诛灭梁、淮阳、常山王及少帝于邸。”（《史记·吕太后本纪》）从这个记载来看，我们似乎可以看到倒霉的小皇帝哀辞告饶的场景，“清宫”的执行者真是痛下杀手。他们把被废黜的小皇帝强制用车拉到皇宫之外，当天晚上，就对他残酷地加以杀害，与他同时被杀的还有吕氏集团所扶立的三位年幼的宗室王。这四位被杀害少年，原来吕氏集团声称他们都是汉惠帝的儿子；及至吕氏集团被灭之后，执掌朝廷实权的大臣和宗室人物则说他们都不是汉惠帝的后代，而是出于吕氏一脉，假冒刘氏之后，所以必须清除。在喋血宫掖之后，胜利者不会容忍这几位少年幸存，这是“政治大局”所决定了的。至于他们的生身之父究竟是不是汉惠帝，掌权者一定不会容许认真讨论，也就成为说不清楚的历史谜案了。清代考据学家王鸣盛在《十七史商榷》卷二中，专立了一个条目“少帝诸王皆非刘氏”。王鸣盛的考据结论，代表了传统史学家的基本观点：“张守节《史记正义》引刘伯庄云：‘诸美人皆先幸吕氏，怀身而入宫生子。’”此说可以用作参考。内廷宫闱之事，真假莫辨，外间人不知内幕详情，原本也是常态。姑且置而不论为是。

现在，新皇帝刘恒进入皇宫的障碍完全被清除了。汉家宫阙即将迎来一位新的主人，他就是历史上赫赫有名的汉文帝刘恒。

回顾公元前 180 年的下半年这段风云激荡的历史，从七月吕太后逝世算起，到闰九月代王刘恒受群臣拥戴而入都继位为止，只不过三四个月的时间，在韬略运筹和刀光剑影、腥风血雨之中，汉家朝廷三大政治集团的脆弱平衡被击破，吕太后苦心安排的格局被颠覆，朝廷高层的"大洗牌"如此突然而彻底，又如此令人惊心动魄。当然，君臣之间的政治运筹和角力，并没有随着刘恒登基而结束，好戏，还在延续。只是，主客易势，现在朝廷的主宰者是汉文帝刘恒了。

至此，西汉王朝的历史，翻开了全新的一页。汉初的时段划分，历史学家有个约定俗成的说法：起于汉高祖开国，止于汉文帝登基。对这个历史阶段政局的基本判断，钱穆先生的一段话，确实有高屋建瓴的见识和论断："盖汉廷君臣，崛起草野，粗朴之风未脱，谨厚之气尚在。又当久乱后厌倦之人心，而济之以学者间冷静之意态。三者相合，遂成汉初宽简之治。故汉初之规模法度，虽全袭秦制，而政令施行之疏密缓急，则适若处于相反之两极焉。其一动一静、一宽一密之间，秦政乃战国紧张局面之掉尾，而汉治则为以后元气恢复之开端。此中分界，并不在法规制度之相袭，而惟在心情意态之有异也。"（钱穆：《秦汉史》第二章"汉初之治"）

二、游刃有余：新君御臣自有术

1. 即位初政：新君“三把火”

太仆夏侯婴与东牟侯刘兴居联手“清宫”之后，“奉天子法驾，迎于代邸”。新皇帝刘恒即日傍晚乘车进入未央宫。夜色苍茫中，刘恒面对着他的父亲高祖皇帝遗留下来的巍峨宫殿，一定会思绪翩翩，回想起他和母亲此前的传奇经历。皇帝宝座，本来与他相距很远，现在，他却是这座宫殿、这个帝国的真正主宰了。他当然知道，正是周勃、陈平、刘章等人发动的宫廷军事政变，把他送上了皇帝的宝座，他是这场政变的最大受益者。他有足够多的理由，从内心深处感谢这些敢作敢为的大臣和宗室人物；但是，此时的他，首先想到的要务，却是要重建君尊臣卑的统治秩序。至于酬谢“功臣”，不管汉文帝口头表达得如何动听，其实都是一种安抚的手段而已。这位侥幸被推举出来的新皇帝，在进入新角色之后的第一个晚上，就做了几项重要的人事安排，其中的重点是优先保证自己的人身安全。具体做法就是重用从代国跟随他入朝的旧部，负责宫殿安全，控制中央禁军："乃夜拜宋昌为卫将军，镇抚南北军。以张武为郎中令，行殿中。"（《史记•孝文本纪》）很显然，刘恒最信任的还是追随他多年的代国旧部。刘恒入京之时，自代国随从而来的旧部人数很少，无法控制朝廷的所有重要岗位，他要在第一时间加以控制的就是对南北军和宫廷禁卫军队的指挥权力，在这两个位置上，一定要安排他最为信任的人到岗。尽管在是否应召"入继大统"的选择中，宋昌和张武的观点不同，但是，刘恒一直把他们两位视为最可信赖的人。最关键的禁卫指挥权，交付到旧部心腹之手，才感觉心安。这种心理状态，其实透露出对不久之前夺得禁军指挥权而发动军事政变的周勃、陈平等人的防范之心。以周、陈二位对政治大局的敏感，对此自然是心领神会。这是外表谦让的汉文帝进入皇宫之后做出的第一个动作，足以让周勃、陈平等人知道：他不是一位好控制的皇帝。

汉文帝入宫后的第一个晚上，表现出谋定而后动的大政治家本色，举措都在要害处。在安排了中央禁军和宫廷警卫指挥权的转移之后，汉文帝又连夜下达了一道诏书："制诏丞相、太尉、御史大夫：间者诸吕用事擅权，谋为大逆，欲危刘氏宗庙，赖将相列侯宗室大臣诛之，皆伏其辜。朕初即位，其赦天下，赐民爵一级，女子百户牛酒，酺五日。"（《汉书·文帝纪》）这道诏书，真是思虑周全。首先，以继位皇帝第一道诏书的形式，为诛吕之役做政治定性，坐实了吕氏集团“谋为大逆”的罪状，褒奖参与其事者保全刘氏政权的功劳。这是安抚周勃、陈平等人最有效的一份政治文件。其次，借登基即位这个值得庆贺的吉日，发布赦令，面向全民普遍赐爵一级，并恩赐百姓以牛酒，特许民间可以聚会，欢饮五天，也就是“普天同庆”，把发生在宫殿区的流血事变升格为“与民同乐”的国家庆典。

按照即位后第一道诏书的思路，在完成了到高庙正式拜谒的程序之后，汉文帝又有两个举措：其一，“遣车骑将军薄昭迎皇太后于代”。这是在显示文帝的孝母之心，另外也透露出他的母舅薄昭此时的官职是车骑将军。这是手握兵权的朝廷要职。薄昭被重用，与重用“代来之臣”有相同之处。汉文帝一定要把重要实权官位交付给他亲近、可靠的人。其二，汉文帝借着拜谒高庙的契机，又发布了一道安抚朝廷大员的诏书。仔细玩味诏书的内容，特别是与他的第一道诏书对读，不仅内容更为具体，而且把参与诛吕之役核心人物的作用与贡献，分别条述，按照功劳大小给予褒奖和重赏。请看：“诏曰：‘前吕产自置为相国，吕禄为上将军，擅遣将军灌婴将兵击齐，欲代刘氏。婴留荥阳，与诸侯合谋以诛吕氏。吕产欲为不善，丞相平与太尉勃等谋夺产等军。朱虚侯章首先捕斩产。太尉勃身率襄平侯通持节承诏入北军。典客揭夺吕禄印。其益封太尉勃邑万户，赐金五千斤。丞相平、将军婴邑各三千户，金二千斤。朱虚侯章、襄平侯通邑各二千户，金千斤。封典客揭为阳信侯，赐金千斤。'”（《汉书·文帝纪》）对于功臣集团成员，文帝封赏最重的是太尉周勃，其次是丞相陈平、将军灌婴，对灌婴的欣赏之情流露无遗。其后不久，汉文帝重用灌婴，对灌婴的信任远在周勃之上，其中原因也不难猜测：灌婴不是宫廷军事政变的发动者，而是稳定大局的关键人物。对于宗室成员，受褒奖最多的是朱虚侯刘章。此时的汉文帝尚未查清楚刘章积极参战的背后动力在于拥戴其兄齐王刘襄为帝，所以，把刘章作为可以信赖的宗室成员，重点褒奖刘章之功，也未尝不含有与功臣集团“平分秋色”的深层含义。后来，汉文帝了解了齐王兄弟的“底牌”之后，就改变了对刘章的态度，由褒奖而压抑。在这道诏书中，对代表宗室力量而率先起兵讨吕的刘襄，则不置一词。

新政伊始，汉文帝还有一个引人注目的动作——“修代来功”，也就是重用跟随他入京的代国旧部，委以重任，既是表示酬谢，也是为了鼓励他们效忠。史载：“六月，令郡国无来献。施惠天下，诸侯四夷，远近欢洽。乃修代来功。诏曰：‘方大臣诛诸吕迎朕，朕狐疑，皆止朕，唯中尉宋昌劝朕，朕以得保宗庙。已尊昌为卫将军，其封昌为壮武侯。诸从朕六人，官皆至九卿。'”（《汉书·文帝纪》）汉文帝以回忆自己在决策入京过程中的顾虑之心，褒奖了宋昌在特殊时刻所做出的贡献，也就合乎情理地公开重用宋昌，拜官为卫将军，封爵为壮武侯。可以想见，宋昌在文帝初政时期，一定在朝政中有着举足轻重的特殊地位，只怕是官爵、职位高于宋昌的重臣，在他面前也要礼让多多。在宋昌之下的张武等来自代国的旧部六人，都被任命为九卿大臣。这些“代来之臣”其后在文帝统治时期，并没有特别的政绩可言，但是在文帝“入继大统”之初，却一定是支撑朝局的重要角色。汉文帝即位之初，急需可以信任的官员控制朝局，而他对于朝臣实权派人物又心存疑虑和忌惮，只好重用其代国的旧部僚属，也是一个可以理解的选择。

至此，我们可以看到，汉文帝即位后，在很短的时间内，就展示出大政治家的见识与能力，迅速地控制了大局。“明君”的风范，似乎在不经意间显露出来。汉文帝治国理政的“开局”，可圈可点。

2. 整肃太尉周勃，礼遇丞相陈平

汉文帝即位之后，为了稳定大局，必须全力做好对功臣集团首领的笼络和控制。前文所述汉文帝的两个诏书，用意都在安抚周勃、陈平等人。如果汉文帝不能理顺与这批大功臣的关系，他的皇帝宝座也有坐不稳的可能。对此，汉文帝心知肚明。陈平与

周勃，是当时功臣集团的文武两位首领，在诛吕之役中，他们合作无间，是宫廷军事政变能够取得胜利的重要因素。汉文帝在即位之初，对他们当然有感激之情，其实内心深处也有忌惮之意。特别是其中的“军头”周勃，居然可以假借小皇帝的名义，闯入北军营垒，以其个人号召力，就发起诛吕之兵！这样的胆略和能量，无法不让他的君主敬畏三分！假如控制不力，谁能保证这位久经沙场的老将军不会对新君心怀不满而再有不利之举？我们回顾汉文帝从代王到新皇帝一路走来的过程，可以从三件事上明显感受到他对于周勃的不信任甚至是防范之心：在接到进京继位敦请之初，刘恒的心腹张武对功臣集团成员的怀疑之说，这当然主要是针对周勃而发，假如不是刘恒君臣之间对周勃等人有过很有成见的议论，张武不可能发出那样严峻的批判；在渭桥相见之时，严词拒绝周勃私下面谈的要求，同样表现出刘恒君臣对周勃的戒心之重；刘恒入宫当晚立即以亲信接管宫禁警卫的指挥大权，当然也是出于对周勃等人的不信任。由此说来，汉文帝对周勃的不信任，是根深蒂固的。丞相陈平，在这次宫廷军事政变中，基本是在幕后策划，没有像周勃那样奋力而为，陈平的谋划作用也就不太被人所知；再加之，陈平事后不居功而多行谦让，表现相当低调。所以，汉文帝对于陈平要“放心”得多。正是由于这个原因，汉文帝对周勃、陈平的基本态度，是明显不同的。在自己的统治秩序建立起来不久，汉文帝就开始对周勃加以约束，以至于一度下狱；而对于陈平，则多有礼遇。汉文帝对周勃、陈平的态度之所以有如此不同，除了他们两位的性格不同之外，更重要的是：汉文帝认定周勃在功臣集团和军队系统中个人威望太高，是有可能制造麻烦的人物，也就是要重点防范和压抑的对象；而陈平，虽然富有谋略机智，却不是可以独立制造事端的人，也就是威胁性较小、可控性较大的人物。更何况，只要笼络住陈平，不让他与周勃合作，以周勃有限的政治智慧，其实也难真正给汉文帝制造大麻烦。所以，汉文帝对两位诛吕之役的文武功臣之首，实施“一打一拉”的手段，其中大有奥妙！

周勃的为人，汉高祖刘邦曾经有一句经典性的判断：“周勃重厚少文，然安刘氏者必勃也”（《史记·高祖本纪》）。周勃质朴敦厚，敢决大事，但出身行伍，重武轻文的武夫风气非常明显。周勃瞧不起读书人，他与文学之士见面，从来不以宾主之礼相待，而是自居尊位，口中大声喊道：“趣为我语。”（也就是：“有话，给我快说！”）他的“少文”无礼，由此可见。（《史记·绛侯周勃世家》）这样的风格，也就决定了周勃很难凝聚文人、谋略之士在其身边。他和陈平友好关系的缔结，完全出自智者陆贾的建言和陈平的主动结交，否则，两人联手诛吕的大事也无从做起。

风云际会，在诛灭吕氏的过程中，周勃身入北军发起“袒刘”

之兵，无疑起了关键性的作用。当时的陈平，实际是隐身其后，是出谋划策的人。对此，史书上有明确的记载："吕太后立诸吕为王，陈平伪听之。及吕太后崩，平与太尉勃合谋，卒诛诸吕，立孝文皇帝，陈平本谋也。"汉文帝即位后，陈平认定诛灭吕氏集团之役，周勃的功劳最大，就打算将右丞相之位让给周勃，于是托病辞官。汉文帝刚登基，觉得陈平突然告病似乎有点奇怪，就请来陈平当面询问。陈平说："高祖时，勃功不如臣平。及诛诸吕，臣功亦不如勃。愿以右丞相让勃。"文帝根据陈平的建议，任命绛侯周勃为右丞相，朝班位次第一；陈平被调任为左丞相，朝班位次第二。文帝对陈平的谦退之风很是欣赏，为此而再行恩赏："赐平金千斤，益封三千户。"（《史记·陈丞相世家》）

文帝即位之初，对于朝廷政事的处理常规，其实所知有限。好在他是一个有心人，通过努力学习，其中也包括向朝廷大臣学习，他的"为君之道"与"理政之能"因而都在迅速提高。不多久，汉文帝对国家政事已了如指掌，在群臣朝会时，他突然问右丞相周勃："全国一年之内审判案件有多少？"周勃愧谢说："不知道。"又问："全国一年的钱粮收支有多少？"周勃又说不知道，他在惶恐惭愧之下，汗流浃背，张口结舌。文帝随即向左丞相陈平提出同样的问题。陈平胸有成竹地说："这些事务都有人主管。"文帝问："主管人是谁？"陈平答："陛下如果要问刑狱案件，可问廷尉；如果要问钱粮收支，可找治粟内史。”文帝再问：“如果各种事务都有人主管，那么作为丞相您负责什么事情呢？”陈平慨然作答：“陛下不了解为臣才干低下，使我充任丞相。丞相的职责在于，对上辅佐天子善理阴阳，按四季节令办事；对下使万物各得其宜；对外镇抚四夷和诸侯；对内安抚百姓，使百官在与其德才相称的位置上恪守职责。”文帝大声称赞。右丞相周勃大感惭愧，散朝而出，他责备陈平说：“您在平时为何不告知我如何回答这样的问题！”陈平笑着说：“您身居丞相职位，难道不知职责所在？假设陛下询问长安城中有多少盗贼，您也准备硬着头皮而勉强回答吗？”（《史记·陈丞相世家》）从此之后，周勃才自知他的才干比陈平相差甚远。而回想皇帝在群臣俱在的朝堂之上对自己的连续发问，周勃一定是心怀惧怕。

汉文帝与周勃之间的心理纠结，不仅他们二位当事人“心知肚明”，其他明于人情世故的朝臣也看得很清楚，如智者袁盎就是其中的一位。史载：“绛侯为丞相，朝罢趋出，意得甚。上礼之恭，常自送之。袁盎进曰：‘陛下以丞相何如人？’上曰：‘社稷臣。’盎曰：‘绛侯所谓功臣，非社稷臣。……方吕后时，诸吕用事，擅相王，刘氏不绝如带。是时，绛侯为太尉，主兵柄，弗能正。吕后崩，大臣相与共畔诸吕，太尉主兵，适会其成功，所谓功臣，非社稷臣。丞相如有骄主色，陛下谦让，臣主失礼，窃为陛下不取也。’后朝，上益庄，丞相益畏。”(《史记·袁盎列传》)袁盎与汉文帝的这段对话，特别值得我们玩味。袁盎以对绛侯周勃的“身份定位”为切入点，明白无误地纠正了汉文帝将周勃视为“社稷臣”的身份定位，指出了周勃只是“功臣”而已；更为关键的是，袁盎严肃地对汉文帝建言：假如丞相周勃自恃有功，在皇帝面前有骄横的脸色，而皇帝却一味地以谦让相待，这样的做法，其实是君主和臣子的做法都违背了礼的规定，很为陛下的失误而感到遗憾。汉文帝本来就是深通政治奥妙的皇帝，在听取了袁盎深明大义的建言之后，在上朝的时候，他越发端起了皇帝应有的派头，而周勃在日益威严的皇帝面前却只能是越来越心怀畏惧了。更应该引起读者注意的是：袁盎并非有意与周勃为敌，他只是根据皇帝制度之下君臣关系的一般原理，来做理性的分析而已。也就是说，在当时汉文帝和周勃这样的特定环境之中，假如周勃不懂得必须谦退自守的道理而有恃功自傲之心，他们的君臣关系是无法和衷共济的。只有从汉文帝开始，彰显君臣的等级秩序，才可能各安本分，上下自便。当时的周勃并不懂得其中的大道理，一度对袁盎有很大误解和敌意，等到他后来一度被逮下狱之后，袁盎极力设法加以营救，显示出袁盎确实没有害人之心，只是基于对君臣关系的深刻认识而不愿意看到汉文帝与周勃的关系走向公开对立。并非两位的品德有缺陷，而是真正的“形格势禁”而已！

在周勃担任右丞相一个月之后，有人前来“点拨”他：“您以前诛杀吕氏，立代王为帝，威震天下，皇帝给您优厚的奖赏、显赫的尊位，表示对您的宠荣。但是，安享这种宠荣的时间再长一点，恐怕您就要大祸临头了。”周勃深知此中的利害，心中惊惧不安，自行奏请免去丞相之职。文帝很快批复同意，变二相制为一相制，命陈平为丞相，全权处理国事。在分设左右丞相的时候，虽然以右相为尊，但是毕竟可以互相配合，也可以互相牵制和平衡，不容易出现丞相权力坐大的问题；在只设一位丞相的时候，丞相的权力就会集中，容易出现相权独大的问题。汉文帝出于对陈平的信任，让他担任唯一的丞相。也就是说，汉文帝不曾防范陈平弄权的危险。这样的制度设计所体现出来的信任，汉文帝没有给过周勃。

汉文帝二年（前 178）十月，丞相陈平不幸病逝。其实陈平担任“独相制”下的丞相，时间很短，仅有两个月左右的时间。陈平以其大智慧，在辅助汉高祖开国、吕太后“临朝称制”时期巧妙周旋、诛吕之役过程中运筹帷幄、汉文帝即位后稳定政局等方面，都发挥了关键的作用。历史学家司马迁曾经给陈平以很高的评价：“太史公曰：陈丞相平少时，本好黄帝、老子之术。……倾侧扰攘楚、魏之间，卒归高帝。常出奇计，救纷纠之难，振国家之患。及吕后时，事多故矣，然平竟自脱，定宗庙，以荣名终，称贤相，岂不善始善终哉！非知谋孰能当此者乎？”（《史记·陈丞相世家》）政局多变，而陈平“定宗庙，以荣名终，称贤相”，不愧为汉朝的一代名相。

在陈平死后，汉文帝为了政局稳定，再次任命绛侯周勃为丞相。到汉文帝三年（前177）十一月，文帝找了一个体面的理由，令绛侯周勃为列侯做表率，返回自己的封地。汉文帝的话，说得很轻松，也很亲切：“前些日子我曾经下诏让各位列侯回到各自的封地，有的人至今未能成行，丞相一直为我所敬重，请您率先返回封地，给他们做出榜样。”（《史记·绛侯周勃世家》）如此轻而易举地免去了周勃的丞相之职，周勃只能遵旨而行，毫无还手之力。

周勃在文帝统治的前期，先后两次出任丞相，累计时间仅有一年左右。他当年只身入北军，即发动了宫廷军事政变，为确保刘氏天下，立下了大功。但是，作为这一事变的直接受益者——汉文帝，却对这位敢作敢为的大臣素怀戒心，生怕他故技重演，举兵逼宫。周勃虽然不学无术，但毕竟身历汉初的许多政治变故，深知功高震主难以自全的道理。周勃奉命返回封地之后，疑惧之心有增无减。绛侯的封地位于河东郡境内，每当郡守或郡尉例行公事巡行所属各县来到绛地，周勃都感到心惊肉跳，担心当年楚王韩信被诱捕的悲剧重演，他总是身穿战甲，令家中兵丁手持兵器做护卫，才与郡守、郡尉相见。这样，过了一年有余，有人上书告周勃谋反，文帝立即下令按重案处置，周勃被逮捕下狱。狱吏对这位曾经出将入相的囚犯，肆意凌辱，周勃开始完全不知应该如何应对，也就受尽了诸般折磨。后来在无奈之下，这位在战场上叱咤风云的名将，也慢慢地懂得了狱中的生存之道。周勃低三下四地讨好狱吏，他让家人把值钱的东西全部送到监狱中，他以千金贿赂狱吏，精通刑狱内幕的狱吏巧妙地提示周勃：请公主（下嫁周勃之子周胜之）作证，以表明自己实无谋反之心。请注意这个细节——汉文帝曾经把自己的一位女儿嫁给周勃的继承人周胜之为妻！这位公主下嫁的时间，不应该是在刘恒受封为代王之时。因为一位封王不敢将自己的女儿嫁给在朝廷执掌实权的重臣之子，“京外封王与朝内重臣联姻”，肯定是政治忌讳。以刘恒和周勃的政治智慧，不至于触犯这样的禁忌。以此推测，这桩婚姻一定是在刘恒进京为帝之后，由文帝主导完成的。这显然是一场政治婚姻，文帝以此来显示对周勃的亲近之情，也是表示刻意笼络的“恩宠”。如此说来，在汉文帝与周勃之间还有一种“儿女亲家翁”的特殊关系。但是，这种姻亲关系的存在，并不能化解汉文帝对周勃的防范之心，在周勃下狱之后，也不能自动转化为保命的护身符，还要得到狱吏的提示，周勃才意识到可以利用儿媳妇是皇帝亲生女儿的关系来为自己求饶。公主出面给自己的公公担保没有造反之事，汉文帝不得不做出某种姿态来，降低对周勃公开的敌意。周勃又把前不久皇帝所增封的封户和赐金，全部转赠给当时握有实权的文帝舅父薄昭（薄太后的弟弟）。在周勃谋反一案审讯最紧张的时刻，薄昭收了周家的重礼，或许其中也含有对周勃的尊重，他在薄太后面前为周勃说了很多好话，请薄太后出面，为周勃洗冤开脱。薄太后面斥文帝疑忌过度，亏待功臣。薄太后拿出了母亲的威严，把头巾砸到汉文帝身上，怒斥说："当年绛侯周勃讨灭吕氏时，手提皇帝玺印，独掌北军统帅大权，他不在那时造反，现在仅居一小县的封地，竟然会造反吗！"文帝见薄太后盛怒，也自知下狱折辱周勃未免太过于苛刻，赶紧解释说：我刚刚看到了周勃一案的案情报告，现在已经调查清楚了，周勃无罪，本来就要释放他出去了。于是，汉文帝使者持皇帝符节，赦免绛侯出狱，并恢复他原有的爵位和封地。侥幸逃脱灭顶之灾的周勃，出狱后时常回忆起狱中所受凌辱，曾心有余悸地感叹："我曾统率百万大军，却不知道一个狱吏可以如此威严无比！"（《史记·绛侯周勃世家》）周勃得以幸免，并非依靠法律手段澄清了真相，洗刷了冤屈，而是动用各种人情关系，用重金收买不同层面的关键人物，公主—狱吏—薄昭—薄太后，形成了营救自己的人事网络。重金收买的手段，本来是难登大雅之堂的，可是却成为营救周勃特别有效的方式。假如不是周家向狱吏奉送重金，在重刑加身的情况下，老将军周勃完全可能被屈打成招，“谋反”的构陷就可能被做成了铁案。狱吏提醒周家请公主出面作证，也是周勃得以脱罪的一个重要原因。同样的道理，如果不是周家向高层关键人物薄昭送礼行贿，就不会有薄太后出面怒责文帝，迫使文帝迅速给周勃恢复自由，恢复封爵。推论很明显：如果没有周家以行贿的非法手段自救，在刑讯逼供之下，周勃“谋反”的罪名一旦被坐实，那就不仅仅是周勃本人被杀的事了，周家都要面临灭族之灾。汉朝开国功臣之首韩信的悲剧完全可以在周勃身上重演。

从高层人事运作的角度而言，还有一个小插曲，也该注意到：在周勃身陷牢狱的时候，其他朝廷公卿都不敢为他说话，唯独袁盎在文帝面前极力为他求情。史书记载：袁盎曾经在汉文帝面前提议不要对周勃谦让太多，而应该以正常的君臣之礼相待，由此导致汉文帝在周勃面前摆足天子的威严，周勃本人不得不心怀敬畏。稍后，周勃得知是袁盎在皇帝面前建言而致如此，就对袁盎极为恼怒。他曾经当面怒斥袁盎：我与你的兄长交情极好，没有想到现在你小子竟然在皇帝面前诋毁我！袁盎听后，对周勃不做任何解释。后来，周勃以“造反”的罪名被逮捕下狱，“诸公莫敢为言，唯盎明绛侯无罪。绛侯得释，盎颇有力”。周勃出狱后得知此中内情，很是意外和感动，“绛侯乃大与盎结交”（《汉书·爰盎传》，爰盎即袁盎）。袁盎在文帝和周勃之间的两次进言，表面上看来，一次是不利于周勃，一次是营救周勃，似乎立意是矛盾的；但是从根本处说来，袁盎都是出于公心，希望君臣二人都能以理性的态度相待，以求避免出现矛盾激化的状况。如果从大局考虑，袁盎的用心是在保护周勃。这种苦心，只有在经历了君臣关系恶化、身受牢狱之灾之后，周勃才能真正理解，其实，也就是才真正理解了皇帝制度之下朝廷重臣如何自处才能自保其身。

总之，心高气傲的绛侯，经历了这次牢狱之灾后，就完全屈服于文帝的严威之下了。绛侯周勃虽然一直到文帝十一年（前169）才因老病而亡，但是他的政治生命却是在出狱之后就事实上归于终结了。在生命的最后几年，他完全不过问国家军政之事，安心做一个安度晚年的闲人。在他逝世后，汉文帝很给他面子，朝廷议赠谥号为“武”。绛武侯周勃的一生，确实是跌宕起伏。行将辞世之前，这位曾经重新安排汉朝江山的名将重臣，对由他一手扶上皇帝宝座的汉文帝，一定是敬畏有加，至于是否也有某种程度的后悔之意，读史者尽可见仁见智。司马迁对周勃有如下评论：“绛侯周勃始为布衣时，鄙朴人也，才能不过凡庸。及从高祖定天下，在将相位，诸吕欲作乱，勃匡国家难，复之乎正。虽伊尹、周公何以加哉！”（《史记·绛侯周勃世家》）

绛侯周勃去世之后的家事，也该在此简单说明一下，因为周勃后人的所作所为，还曾经与汉朝政权的兴亡大局密切相关。周勃死后，他的继承人周胜之接续了绛侯的封号。尽管他有“尚公主”的特殊尊荣，但是却犯了杀人重罪，导致封国被废除。在绛侯封国被废除一年之后，文帝从绛侯周勃的儿子中选择出已有贤能之名的周亚夫（时任河内太守），晋封为条侯。这也是汉文帝追念周勃的旧时功劳而对他的后代予以封赏。条侯周亚夫继承了其父的军事才干，在文帝和景帝时期，成为捍卫汉朝政权的一代名将。“细柳营”的名将风范，让汉文帝对他敬重有加。后来到汉景帝时期，爆发了“吴楚七国之乱”，汉政权风雨飘摇，幸有周亚夫以大将之才，统兵平叛，苦战三个月，荡平了动摇天下的大叛乱，使得汉政权重新稳定下来。汉文帝晋封周亚夫为条侯，在当时是带有“政治作秀”色彩的，也不过是要显示皇帝不忘周勃的旧功，后来却成就了周亚夫统军平叛、重安汉室的事业，挽救了汉王朝的崩溃。君王的一丝善念，就出现了如此善果，上苍对汉文帝不薄！

周亚夫的传奇人生超出了本书叙事范围，但是又与本书叙述的核心人物相关，出于叙事范围和内在关联兼顾的考虑，我在本节之下，单独拟出“延伸阅读之二”《令人唏嘘的传奇人物周亚夫》一篇专文，供感兴趣的读者朋友参考。

周勃、周亚夫父子身为功臣却被压抑乃至于不得善终的遭遇，在很大程度上，折射出古代皇帝制度之下，大臣（含功臣、辅臣在内）与皇帝关系的错综复杂。仕途荣辱，乃至于生命安危，往往充满变数。有感于此，我将一篇读史札记附于后，作为“延伸阅读之三”《从“犬马之喻”看君臣关系》，呈现给各位读者。

如前所述，发动和参与诛吕之役功臣集团成员最重要的是三位：周勃、陈平、灌婴。如此排序，既是贡献大小的体现，也是汉文帝由疏而亲心理距离的体现。文帝对他们三位的基本态度是：压抑周勃，礼遇陈平，重用灌婴。文帝即位之初，刚刚完成了登基、谒拜高祖庙的礼仪程序，就对三人的职位做了调整：右丞相陈平调任为左丞相，太尉周勃转职为右丞相，大将军灌婴晋职为太尉。到文帝三年（前 177），免除绛侯周勃的丞相之时，灌婴受拜为丞相，同时罢废太尉之官，原由太尉主管的事权转归丞相负责。由此可见汉文帝对灌婴的信任和重用。这一年，匈奴大规模入侵北地和上郡，文帝令丞相灌婴亲自统率骑兵八万五千人前去与匈奴开战。可见文帝对灌婴的倚重，一时无出其右。到文帝四年（前 176）十二月，灌婴病故在丞相职位上，谥号“懿侯”。（《史记·灌婴列传》）灌婴担任丞相之职，只不过一年左右的时间，但是执掌朝廷的文武大权。文帝对他的信任和倚重确实很是少见。

灌婴病逝后不久，汉文帝任命张苍为丞相。这个任命，也是很有政治智慧的选择。在灌婴病逝后，汉文帝选拔何人继任丞相，是关系到朝政稳定的大事，张苍恰好在此时进入了汉文帝的视野，可以说是上苍对汉文帝的眷顾——此时而有此人，真是天时、地利、人和兼得。其一，张苍是开国功臣集团的成员之一，任用他为丞相，延续了自高祖以来的以功臣辅政的传统。其二，张苍在功臣集团中，有着广泛的人脉，他与政坛高层的几位人物有特殊关系：以为人正直厚道而著称的汉初名相王陵，是张苍的救命恩人，张苍早年间追随刘邦参加反秦战争时，“坐法当斩”，被剥掉衣服押在刑具之上，幸亏王陵偶然间看到张苍“身长大，肥白如瓠”，认定他是不同凡俗的人物，“乃言沛公，赦勿斩”，才保住了张苍的性命。张苍是感恩图报的人，终生不敢忘记王陵的恩德，“及苍贵，常父事王陵，陵死后，苍为丞相，洗沐，常先朝陵夫人上食，然后敢归家”。他对王陵的如此态度，一定为他在功臣集团中赢得了声誉。张苍还曾经跟随大将韩信作战，在攻破赵国的关键之战“井陉口背水破敌”时，正是他俘虏了赵国大将陈余。在汉朝开国之后，他还给首任丞相萧何做过僚属和助手，负责处理各地“上计”的具体工作。“是时萧何为相国，而张苍乃自秦时为柱下史，明习天下图书计籍。苍又善用算律历，故令苍以列侯居相府，领主郡国上计者。”其三，张苍曾经在代、赵之地任职多年，尤其是曾经两次出任代国的丞相，也就是说他与担任代王的刘恒是有特殊关系的人。其四，张苍在汉文帝“入继大统”时身为御史大夫，在群臣联名请刘恒即位时，他是领衔的大臣之一，以御史大夫转任丞相，是很正常的安排。其五，张苍的特长和能力之所在，是精通文书律例、善于理财，而不是以武事见长。（《史记·张丞相列传》）由于以上五个原因的存在，张苍就成为最合适的丞相后继者。汉文帝本来就需要在功臣做丞相的大格局不变的表象之下，实现由强势丞相到弱势丞相、由武力丞相到文职丞相的转变。在这个意义上说来，此时的张苍是汉文帝最符合内心需要的丞相人选。汉文帝的高明处，就在于适时地把张苍推上了丞相的位置。时光无情，跟随刘邦打天下的功臣集团的高层人物大多凋零，强势人物无多，这是客观的情况；至于文帝选择张苍为相是否另有深意，健在的功臣集团成员都未曾多想，即便有人看到什么端倪，帝强臣弱的大局也无法更改了。文帝高居端坐，政局保持着稳定。

在陈平和灌婴先后病故、周勃被有效压抑之后，汉文帝又巧用张苍，仅仅用了四年的时间就完全控制住了功臣集团。不得不说，文帝即位后对功臣集团的“区别对待”“打拉结合”的处理方式，在短期内就收到了很明显的效果，表明这位新皇帝的“御臣之术”相当高明。

延伸阅读之二

令人唏嘘的传奇人物周亚夫

周亚夫是周勃的儿子，将门虎子，他治军严整，曾受到汉文帝的赞赏。

文帝后六年（前158），匈奴发动了对汉朝的大规模入侵。汉军不得不在京城附近分军布防。汉文帝命令掌管皇族事务的宗正刘礼为将军，驻扎在霸上（今西安市东）；祝兹侯徐厉为将军，驻扎在棘门（今咸阳市东北）；周亚夫为将军，驻扎在细柳（今咸阳市西南）。布防既定，汉文帝亲自前往各个军营去慰劳将士。他先去了霸上、棘门两个军营，都是全营的大小将领迎接跪拜，对皇帝毕恭毕敬。文帝最后来到了周亚夫的细柳军，只见将士们身披铠甲，手持利刃，军容严整，戒备森严。给文帝充当先驱的官员到了军营前，通报皇帝亲自来慰劳将士，“天子且至”，请大开营门迎接。没有料到的是，负责把守军营的军门都尉曰：“将军令曰‘军中闻将军令，不闻天子之诏’。”稍后皇帝的车驾到了军营门口，守营将士也不打开营门。见到如此严整的军营，皇帝只好派出使者持符节和诏书告知周亚夫“吾欲入劳军”。周亚夫传下将令，把守军营大门的将士才打开营门，允许皇帝一行进入军营之内。军营中的将官还强调："将军约，军中不得驱驰。"皇帝命令他的随从车队缓慢而行。到了周亚夫的大帐之前，只见周亚夫手持兵器，见到皇帝只作揖、行军礼，说："身披甲胄之人不能跪拜行礼，请允许我以军礼觐见皇上。"皇帝为之动容，把手放在车前横木上俯身回礼，使人称谢："皇帝敬劳将军。"成礼而去。文帝出了军门，群臣惊诧。文帝感叹道："这才是真将军啊！前面经过的霸上、棘门的军营如同儿戏，如果敌人发起偷袭，营中将领一定被敌人所擒。至于周亚夫，哪个敌人可以冒犯到他！"感叹赞许良久。后来，匈奴的军事威胁缓解，京城附近的三处驻防军队被撤除。汉文帝进一步重用周亚夫，任命他为中尉。(《史记·绛侯周勃世家》)

这就是"周亚夫军细柳"的一段历史佳话。后世的文人雅士，对周亚夫在皇帝面前保持统兵大将的威严，大都给以极高的评价。下面的两首唐诗，可以作为代表作来欣赏。

细柳营

胡曾

文帝銮舆劳北征，条侯此地整严兵。

辕门不峻将国令，今日争知细柳营。

——《全唐诗》卷六四七

条侯

周昙

上将风戈赏罚明，矛铤严闭亚夫营。

人君却禀将军令，按辔垂鞭为缓行。

——《全唐诗》卷七二九

汉文帝驾崩之前，告诫太子（也就是后来的汉景帝）说：“如果遭遇紧急情况，周亚夫是担任统兵重任的最佳人选。”（《史记·绛侯周勃世家》）文帝一死，景帝继位后就按照其父的遗嘱拜周亚夫为车骑将军。汉代的车骑将军执掌征伐大权，军中地位次于大将军和骠骑将军，后来汉宣帝时期的重臣张安世担任过车骑将军，三国时期蜀汉名将张飞的职位就是车骑将军。由此可见汉景帝对周亚夫委任之重。

后来，在汉景帝三年（前154）爆发了震动天下的“吴楚七国叛乱”。当七国打出“将诛汉贼臣晁错以安宗庙”（《史记·齐悼惠王世家》）的旗号时，汉景帝竟听信谗言而诛杀晁错，并以“发使赦吴、楚七国，复其故削地”等为交换条件，希望达到息兵停战之目的。结果事与愿违，吴王刘濞等非但不撤兵，反而声言要夺取帝位。汉景帝这才下定决心，以军事手段解决以吴王刘濞为首的七国叛乱。“七国反书闻天子，天子乃遣太尉条侯周亚夫将三十六将军，往击吴、楚；遣曲周侯郦寄击赵；将军栾布击齐；大将军窦婴屯荥阳，监齐、赵兵。”（《史记·吴王濞列传》）在这个平定叛乱的总体部署中，身为太尉的周亚夫无疑是汉军的统帅，他直接统领的将军就有三十六位。他统领的朝廷大军直接对叛军主力吴、楚两国作战，相当于正面战场。其余分兵作战的统兵将领还有曲周侯郦寄、将军栾布，负责对赵国、齐国作战，其实是两个侧翼战场。大将军窦婴屯守荥阳（很容易令人联想到齐王刘襄起兵时灌婴受命坐镇荥阳的前事），既有监督对齐、赵用兵的两支大军之职责，其实也有确保都城之安全的屏障作用。换言之，太尉周亚夫是朝廷平叛的出击之矛，大将军窦婴是朝廷稳定的坐镇之盾。只要周亚夫指挥的平叛行动顺利，大将军窦婴的镇守和屏障作用就没有机会发挥。这个军事布局，出击与防守同时兼顾，很是高明。以汉景帝的年轻和办事轻率，可以想见，如此总体部署不会出自他本人，在景帝身后一定有富于大智慧的人在做战略运筹的工作。环顾当时的朝廷高层人物，兼顾职务因素，这个提出整体平叛部署的人，太尉周亚夫的可能性最大。

“吴楚七国叛乱”爆发之初，朝野上下人心惶惶，形势相当严峻。周亚夫以太尉身份，通盘指挥平叛战争，仅以三个月的时间，就平定了这场滔天兵祸。不久，周亚夫因功受封为丞相。周亚夫为汉王朝渡过兵火劫难做出了巨大贡献。但是，此后他的遭遇，使人为之酸鼻。

起初，汉景帝对周亚夫很敬重。但是，周亚夫任丞相之后，在处理军国事务方面，时常与景帝发生意见分歧。周亚夫从当时的政治伦理和朝廷定制出发，持正不阿，不盲目地服从皇帝权威。

汉景帝对这位不通时务的丞相难免心怀不满了。如：景帝欲废栗太子，周亚夫一再谏阻，引起了景帝的反感。再加上景帝的同母弟弟梁孝王因为不满周亚夫在平定叛乱时曾经不派兵救援梁国而心怀不满，每次入朝都拉上了他们的母亲窦太后，在皇帝面前说周亚夫的坏话。景帝对周亚夫的感情越来越不好了。景帝欲封王皇后之兄王信为侯，与周亚夫商量，周亚夫一口回绝：“高皇帝约：‘非刘氏不得王，非有功不得侯。不如约，天下共击之！’今信虽皇后兄，无功，侯之，非约也。”景帝只好默然而止，但是，对周亚夫的不满，已经根植于汉景帝心中了。

后来，又发生了一件事情：匈奴王唯徐卢等五人前来投降归汉，景帝想晋封他们为侯，以激励其他匈奴人相继归降。丞相周亚夫说：“他们背叛自己的君主而投降陛下，陛下如果封他们为侯，怎样表达对于不守臣节操的人的贬斥？”景帝批驳说：“丞相的看法不可用。”景帝封唯徐卢等五人全部为列侯。很讲究大臣尊严的周亚夫因为景帝不采纳自己的政见而托病不朝。景帝对周亚夫的“任性”感觉很不耐烦了。到景帝中三年（前 147），皇帝下诏

罢免了周亚夫的丞相职位。这标志着景帝不愿意再照顾这位倔强功臣的面子了。(《史记·绛侯周勃世家》)

周亚夫的身份是“官二代”，而且是“太尉二代”与“丞相二代”，在汉高祖的开国功臣集团中，父子先后出任太尉和丞相高位的，只有周勃和周亚夫两位。更何况,周亚夫还是平定“吴楚七国叛乱”的大功臣。在这样的背景之下，周亚夫有居功自傲的问题，似乎也是正常的。我们在《史记》中可以看到两个记载,可以互相印证。其一,“郅都迁为中尉。丞相条侯至贵倨也,而都揖丞相”(《史记·酷吏列传》)。郅都虽然是酷吏，但是，他有大见识，在官场上不避权贵，在他被任命为中尉之后，对丞相周亚夫的傲慢作风根本不买账，对丞相只作揖礼。由这个语言环境逆推，卓尔不群的郅都之外，其他朝廷官员或许对周亚夫要行跪拜之礼？其二，周亚夫被罢相不久，景帝招他进宫宴饮，赐下食物。现场只有大块的肉，没有切好方便食用的肉，又没放置筷子。看到这样令人难堪的设宴情景，周亚夫内心不平，向主管宴席安排的官员索要筷子。景帝看着他，高深莫测地笑着说:“这个安排不能满足你的要求吗？”周亚夫当然听出了皇帝不满的意思，马上免冠谢罪。皇帝起身，并未明确说结束饮宴了，周亚夫立即以小步快走的步态走出宫殿。尽管周亚夫的步态是臣子在君主面前的规范动作，但是，景帝依然感受到周亚夫内心的不满情绪。所以，景帝盯着他的背影说:“此怏怏者非少主臣也！”(《史记·绛侯周勃世家》) 意思是说：这位内心愤愤不平的人将来不会安分守己地做年少皇帝的臣子。汉景帝认定周亚夫将来一定有不臣之心，也就是对周亚夫已经动了杀心。

不久，处置周亚夫的机会，落到了景帝手中。周亚夫的儿子从工官那里买了专给皇室制造的用于殉葬的五百件铠甲盾牌，准备日后给父亲百年之后使用。这位周公子虐待搬运的雇工，又不给工钱。雇工知道这属于非法买卖皇家专用器物，一怒之下上书举报周公子，由此牵连到周亚夫。景帝收到举报文书，下令收捕周亚夫的儿子入狱。随即安排法官向周亚夫本人询问案情，周亚夫根本不回答问题。景帝得知周亚夫的抵制态度，怒骂他：“我不再需要你的自辩之说。”皇帝直接下令将周亚夫逮捕，交付廷尉审案定罪。廷尉责问说：“君侯欲反邪？”周亚夫回答：“臣所买器乃葬器也，何谓反邪？”廷尉反驳说：“君侯纵不反地上，即欲反地下耳。”(《史记·绛侯周勃世家》) 这样的说法，分明就是不论周亚夫如何辩解，都难免一死。审案官吏当然懂得景帝必欲置周亚夫于死地的真实想法，对他百倍凌辱，周亚夫在狱中，绝食五日，吐血而亡。这位平定“吴楚七国叛乱”、再安汉室的大臣，就如此惨死狱中。他的封国也被废除。司马迁特意记下这一笔：周亚夫“死后，景帝乃封王信为盖侯”。周亚夫为谋皇室长治久安，坚持高祖皇帝之约，得罪当今皇帝，最终死于狱中，真是一番辛苦为谁忙！司马迁论周亚夫：“亚夫之用兵，持威重，执坚刃，穰苴曷有加焉！足己而不学，守节不逊，终以穷困。悲夫！”（《史记·绛侯周勃世家》）

回想当年，周亚夫的父亲周勃，曾经被汉文帝逮捕下狱，毕竟还有人千方百计搭救而幸免于难；周亚夫在汉景帝的算计之下，以至于绝食死在监狱之中，下场比他的父亲更加悲惨！他们的遭遇对于认识古代君臣之间的关系而言，更有值得研判的价值。

延伸阅读之三

从“犬马之喻”看君臣关系

中国传统文化有善用比喻的特点。许多深奥的道理，往往可以通过一个浅显的例证，给以深刻的揭示、准确的表达。以“犬马”来比喻古代的君臣关系，就是这样的例证之一。

以君主为赶车的驭手，而以群臣为驰驱效力的马匹，是自先秦以来惯用的一种比喻。善用其喻者，把君主的求贤行为比喻为“千金买马”，典型材料为郭隗答燕昭王的求贤之问（《战国策·燕策一·燕昭王收破燕后即位》）；汉武帝的求贤诏，把卓绝超群的人才比喻为不愿接受羁縻的骏马：“盖有非常之功，必待非常之人，故马或奔踶而致千里，士或有负俗之累而立功名。夫泛驾之马，跅弛之士，亦在御之而已。”(《汉书·武帝纪》)恶用其喻者，则教唆统治者鞭笞天下。韩非论君主之道，提出了一个著名的比喻：“今以国位为车，以势为马，以号令为辔，以刑罚为鞭策。”(《韩非子·难势》)韩非还有一段驭马之道的妙论：“王良、造父，天下之善御者也，然而使王良操左革而叱咤之，使造父操右革而鞭笞之，马不能行十里，共故也。……夫以王良、造父之巧，共辔而御，不能使马，人主安能与其臣共权以为治？”(《韩非子·外储说右下》)借以论证君主必须厉行个人独裁，而不能与大臣分享权柄。

犬有忠主之名、效力之实，故自先秦以来也常用来比喻臣之事君。只是功臣如果与犬相连，就难免带有一种特定的悲剧色彩。春秋末年，在助越王句践复仇称霸之后，范蠡选择了离国而去，并致书另一位大功臣文种，其中就有“蜚鸟尽，良弓藏；狡兔死，走狗烹”(《史记·越王句践世家》)之说。文种留恋权势，最终受诛，成为兔死狗烹的第一个典型。

汉高祖刘邦则把“功狗”的比喻运用到极致。其一，在开国之初，论功行赏，刘邦以萧何功最盛，先封为酂侯，引起了其他功臣的不满：“臣等身被坚执锐，多者百余战，少者数十合，攻城略地大小各有差。今萧何未尝有汗马之劳，徒持文墨议论，不战，顾反居臣等上，何也？”刘邦借题发挥说道：在打猎时，追杀兽兔的固然是猎狗，但是给猎狗发出指令告知兽兔藏身之处的则是人。“今诸君徒能得走兽耳，功狗也。至如萧何，发踪指示，功人也。”此论一出，“群臣皆莫敢言”（《史记·萧相国世家》）。因为主人已经把话说透，所立军功再大，也不过是“功狗”而已，还有什么资格争高低先后？刘邦的“功狗”之论，虽然极为不雅，但是却可以镇得住出身草莽的一批军功新贵。其二，诛杀韩信，使得“兔死狗烹”的震慑力大增。在楚汉之争方殷之时，蒯通劝说手握重兵的韩信及早独立，以免将来为刘邦所算计，他引用文种“立功成名而身死亡”的教训，提醒韩信防范“野兽已尽而猎狗亨”的悲剧重复上演。韩信终究不忍心背汉，数年之后，却被刘邦以诈谋擒获。韩信当即感叹：“果若人言，‘狡兔死，良狗亨；高鸟尽，良弓藏；敌国破，谋臣亡’。天下已定，我固当亨！”刘邦自感内疚，还不得不勉强解释。但最后韩信依然无法逃脱未央受诛之祸。刘邦得知韩信临死感叹“悔不用蒯通之计”，就将蒯通逮捕，欲加以杀害。蒯通则用狗只知忠实于自己的主人而不管主人贤愚的道理为自己辩护：“跖之狗吠尧，尧非不仁，狗固吠非其主。当是时，臣唯独知韩信，非知陛下也。”刘邦将其免罪开释。（《史记·淮阴侯列传》）以“狗论”来比喻君臣关系，竟然可以如此各取所需，为我所用，其效果胜过多少庙堂正论！

自秦汉以下，大臣们在皇帝面前已经养成了以“犬马”自称的习惯。

汉武帝任命耿直大臣汲黯为淮阳太守。汲黯不愿意离开朝廷，因而一再婉辞，在殿上，汲黯泣诉于武帝：“臣自以为填沟壑，不复见陛下，不意陛下复收之。臣常有狗马之心，今病，力不能任郡事。臣愿为中郎，出入禁闼，补过拾遗，臣之愿也。”（《汉书·汲黯传》）此处的“狗马之心”并非责骂之辞，也不带有丝毫的贬义，而是指近距离报效皇帝的一腔忠诚之念。西汉名将赵充国筹策边事，要自称“臣充国材下，犬马齿衰”（《汉书·赵充国传》）。南朝陈国的大臣章昭达为了表明忠君之心，就干脆说：“当效犬马之用，以尽臣节。”（《陈书·章昭达传》）

在唐代出现了两个涉及君臣关系的“马论”，都令人充满了恐惧之感。其一，武则天为了折服敢于直言的大臣吉顼，别有用心地讲述了她早年间侍奉唐太宗的一件逸事。“太宗有马名师子骢，肥逸无能调驭者。朕为宫女侍侧，言于太宗曰：‘妾能制之，然须三物，一铁鞭，二铁楇，三匕首。铁鞭击之不服，则以楇楇其首，又不服，则以匕首断其喉。’太宗壮朕之志。”武则天所说的训马之术，其实就是她作为最高统治者驾驭群臣的铁血手段。因此她喝问吉顼：“今日卿岂足污朕匕首邪！”只吓得吉顼“惶惧流汗，拜伏求生，乃止”（《资治通鉴·唐纪二十二》，则天皇后久视元年）。在如此严威之下，大臣无论有多高的志节才气，也只能俯首听命了。其二，中唐权相李林甫巧借“立仗马”的比喻，警告负有谏诤之责的谏官不得批评朝政缺失：“明主在上，群臣将顺不暇，亦何所论？君等独不见立仗马乎，终日无声，而饫三品刍豆；一鸣，则黜之矣。后虽欲不鸣，得乎？”因此导致“谏争路绝”的局面。李林甫以这样的威吓手段，稳居相位十九年，蒙蔽天子耳目，谏官“无敢正言者”（《新唐书·李林甫传》）。他控制言路的个人目的达到了，但其消极后果却极为明显，在“万马齐喑”的官风之中，国家政治必然由盛转衰。

在专制体制的淫威面前，自甘以犬马自居的大臣确实历代不乏其人，甚至于为了当稳犬马而百般奔忙；但是也有人自尊自重，希望保持自己的人格独立，对君主以犬马待臣下的态度明确表示抗议。战国时代的思想家孟子为齐宣王论君臣之间的对等关系：“君之视臣如手足，则臣视君如腹心；君之视臣如犬马，则臣视君如国人；君之视臣如土芥，则臣视君如寇仇。”（《孟子·离娄下》）这段名言的要义是告诫君主，他们对臣下的态度，将直接决定臣下对他们的态度，君王不尊重臣下势必导致灾难性的后果。汉文帝时期的政论家贾谊，谈到春秋战国之际的著名刺客豫让的行事阅历：豫让原本事奉中行氏，等到智伯攻灭中行氏，他未曾犹豫就改奉智伯为主。可是后来赵氏灭智伯，豫让却一再为智伯复仇，到了不择手段的程度。有人追问豫让为何对先后两位主子的态度反差如此之大。豫让回答：“中行众人畜我，我故众人事之；智伯国士遇我，我故国士报之。”贾谊就此评论说，同一个豫让，先是“反君事仇，行若狗彘”，后来“抗节致忠，行出虖列士”，根本的原因就在于君主待人的态度不同而使然。贾谊借题发挥，“故主上遇其大臣如遇犬马，彼将犬马自为也”，如果大臣们不以“人”的伦理约束自己，还有什么犯上作乱的事情不能做？所以，贾谊劝告皇帝要礼遇大臣，否则就无法得到他们的真心拥戴。（《汉书·贾谊传》）孟子、贾谊之论，反对君主视臣子为犬马，确实是凤毛麟角，因而弥足珍贵。

专制的原则，就是使人不成其为人。“犬马”之喻，从一个层面证实了这一论断。

3. 压抑敢于任事的齐王刘襄三兄弟

齐王刘襄三兄弟，在诛吕之役中，发挥过特殊作用，堪称刘氏宗室成员中最有胆略、最有能量的人物。但是，在吕氏集团被灭之后，掌控了朝廷大局的功臣集团周勃、陈平、灌婴等人，不愿意推戴齐王刘襄继位称帝，他们巧妙地利用了宗室成员琅邪王刘泽对齐王刘襄的怨恨情绪，双方联手，很快就把刘襄排斥出政治中心。刘襄在郁闷之中，只好率部东归齐国封地。此后，他的余生都在担惊受怕中度过。等到文帝登基，已经不需要再做压抑齐王刘襄的任何动作了。本来可以大有作为的齐王刘襄，在汉文帝元年（前 178）郁郁而死。死后，朝廷还赐给了刘襄一个“恶谥”——“哀王”，带着政治耻辱的色彩，他结束了自己的一生。在诛吕之役成功、汉文帝登基后的一年间，刘襄都经受了哪些屈辱和打击，史书上没有明确的记载，根据政治斗争的无情常例，我们倒也可以大致想见，作为争夺帝位而失败的他，一定是度日如年。这一年，汉初名相、诛吕之役的主要策划人之一陈平也在刘襄之前病逝了。不知道这两位在冥间相遇，会如何梳理他们共同创造的那段惊心动魄的历史？特别是刘襄，会不会对自己的率先起兵讨吕却不得善待的经历，心中恨意难消？

刘襄“及时”逝世，对于汉文帝而言，无疑是恰中下怀的。文帝无须为整肃刘襄而显示他的心胸狭窄了；刘襄的两位弟弟朱虚侯刘章、东牟侯刘兴居，却是文帝必须用心“安置”的人。刘章在诛吕之役的关键阶段，立功甚伟；刘兴居在文帝入宫之前，自告奋勇主持“清宫”之事，对文帝是有“先驱扫荡”之功的。也正因为上述原因，文帝即位后发布的诏书，才会对刘章、刘兴居兄弟多所褒奖。这也是外藩入继者必须做的“功课”。史载：“孝文帝元年，尽以高后时所割齐之城阳、琅邪、济南郡复与齐，而徙琅邪王王燕，益封朱虚侯、东牟侯各二千户。”（《史记·齐悼惠王世家》）文帝初政之时所做出的这个政治姿态，是对齐国和齐王三兄弟着力施以恩德的。吕太后秉政之时从齐国割夺的城阳、琅邪、济南三郡之地，朝廷都退还给齐国控制。而且为了把琅邪之地退还给齐国，朝廷还把此前受封为琅邪王的刘泽改封到燕国。朝廷酬谢齐国的意图表现得很清晰。与此同时，还给朱虚侯刘章、东牟侯刘兴居各增加二千封户。这里体现的是新皇帝对齐王三兄弟“体系”的认可和酬谢。

但是，其后不久，文帝了解到了齐王三兄弟“里应外合”讨伐吕氏的内幕：他们的本意是要推戴齐王刘襄做新皇帝！而且，周勃、陈平等发动军事政变的重臣，为了争取刘章、刘兴居兄弟的大力支持，与他们是有密约的！史载：“始大臣诛吕氏时，朱虚侯功尤大，许尽以赵地王朱虚侯，尽以梁地王东牟侯。及孝文帝立，闻朱虚、东牟之初欲立齐王，故绌其功。”（《史记·齐悼惠王世家》）也就是说，在诛灭吕氏的过程中，周勃、陈平等人许诺刘章兄弟：事成之后，把赵地全境分封给刘章为王，把梁地全境分封给刘兴居为王。赵、梁两地，都是经济发达的“膏腴之地”，也就是很实惠、很有吸引力的封地。以此酬谢刘章兄弟，在周勃、陈平等人看来，是因为他们在诛吕之役中有特殊贡献。但是，出乎他们的意料：这位原本被认定为“仁善”的代王刘恒，一旦即位，就抓住实权，政令由我，不受大臣们的控制。估计周勃、陈平等人都明哲保身，不敢在新皇帝面前说到当时与刘章兄弟有密约在先的事实。如此一来，大臣们失信于刘章兄弟，而刘章兄弟也心知肚明现在不是大臣们说了算数的时候了，只好忍气吞声地接受既定的局面。而从汉文帝的感受而言，大臣们与刘章兄弟的密约，至少也是僭越之举，是不能容忍的事情。文帝不承认此前他们双方之间密约的法律效力，可以有两个效果：其一，显示皇帝才是朝廷的主人，功臣集团大人物的承诺，不得到皇帝的恩准，就只能归于无效。其二，在周勃、陈平与刘章兄弟之间顺便打进感情的楔子，足以破坏他们之间曾经有过的信任与合作关系。因此，文帝控制朝政之后，除了刘襄已经被功臣集团抑制之外，刘章、刘兴居两兄弟就被文帝视为异己力量，必须加以整肃了。

整肃的第一步，就是假装不知道大臣们与刘章兄弟的酬功密约，迟迟不兑现给刘章兄弟的封国之赏。

整肃的第二步，就是实在无法再推迟封王之赏时，就只给刘章、刘兴居兄弟分别割出一郡之地为王，而且都是从齐国的固有封地之内割出，也就是从他们的兄长刘襄的封国疆土中割地立国。史载：汉文帝“二年，王诸子，乃割齐二郡以王章、兴居。章、兴居自以失职夺功”(《史记·齐悼惠王世家》)。到文帝分封自己的儿子为王的时候，他毕竟还要顾忌朝野上下的舆论，就并非情愿地割出了齐国的城阳郡和济北郡，封刘章为城阳王、刘兴居为济北王。周勃、陈平等人原来许诺的赵、梁大国之封，至此完全作废。汉文帝如此对待刘章、刘兴居兄弟，实在是出招“阴损”。刘章、刘兴居兄弟都不是昏庸之辈，对官场角力的奥妙了然于胸，当然懂得文帝在刻意压抑他们，认定自己被欺压，所立的大功被抹杀，他们对汉文帝充满了失望和怨恨。刘章尚能顾全汉家朝廷的大局，未曾公开进行反抗，但是，心中也难免怨恨不已。以刘章的英武之气，却在受到不公正待遇之后，受制于大局既定而无法反抗，他心中的怨恨之深，后世论史者都不难想象。任何人，长期在压抑而又无奈的环境下生活，大多会身患重病而不治。汉文帝三年（前177），一代宗室之雄城阳王刘章去世，年仅25岁。回顾刘章在吕太后当政时期为刘氏宗室保持一份尊严的英姿勃发，在诛吕之役中喋血宫廷的刚毅果敢，再看刘章的郁郁而终，论史者往往都对他持几分同情。而对于稳坐了皇帝宝座的汉文帝而言，刘章之死，无疑是一件让他顿觉心安的事情，不论他是否有过表示痛惜和哀伤的表面动作。刘章死后，朝廷给他议赠的谥号是“景”，属于“美谥”，比他的兄长刘襄死后被议赠为“哀”要好得多。可见，朝廷对刘章还要做点表示褒奖的表面文章的。城阳景王刘章就如此黯然地退出了历史舞台（刘章的墓地在今山东莒县陵阳镇）。

刘襄、刘章先后病死，三兄弟当中唯有济北王刘兴居尚存。这位刘兴居在汉文帝入宫之前，是自告奋勇为新皇帝“清宫”的人，也就是我前文所说自甘做“政治脏活”的角色。据此推测，论及敢作敢为，他应该在其两位兄长之上。刘兴居不愿意按照他的两位兄长的方式，在汉文帝之下苟延残喘，一旦有机会（即便这个机会没有多少成功的希望），他也要向汉文帝发起反攻。因为在济北王刘兴居看来，新皇帝就是忘恩负义并且手段阴狠的家伙。对这样的皇帝，发起不计成败的反击，或者拼死一搏的反击，是刘兴居认定的大义所在，也应该带有为刘襄、刘章两位兄长讨还公道的意思。“功夫不负苦心人”，在刘兴居看来一个难得的机会，被他等到了。就在刘章病死后不久，发生了匈奴入侵中原的紧急事态。“兴居闻匈奴大入汉，汉多发兵，使丞相灌婴击之，文帝亲幸太原，以为天子自击胡，遂发兵反于济北。”从汉文帝的反击部署来看，他是对匈奴这次入侵做全力反击的。不仅派出了丞相（也是能征善战的名将）灌婴统兵出征，而且文帝本人也亲临太原，相当于皇帝亲自做灌婴大军的后援。在齐地蛰伏待机的济北王刘兴居，判定皇帝要亲自统兵出征匈奴，从而就会出现对中原，尤其是对东方控御能力薄弱的问题，于是，济北王刘兴居借机起兵，摆出了与汉文帝决裂的姿态。从前文的分析可见，刘兴居的起兵，不见得是存心背叛刘氏天下，很可能就是向汉文帝发难。刘兴居的封国仅有济北一郡，他可以指挥的军队力量有限，再加之并未联系到其他郡国的实力人物做盟友，所以，刘兴居的起兵明显是仓促起事，带有孤注一掷的色彩。而汉文帝的反击部署很周备、高效。“天子闻之，罢丞相及行兵，皆归长安。使棘蒲侯柴将军击破虏济北王，王自杀，地入于汉，为郡。”（《史记•齐悼惠王世家》）文帝把灌婴及其统率的迎战匈奴的大军调回长安，保证都城有足够的守卫力量，另外，派遣棘蒲侯柴武领兵平叛。柴武早年间跟随刘邦作战，在现存的开国功臣集团中也是能征善战的将军了，刘兴居不论是军事实力还是指挥作战的经验，都无法和柴武抗衡，于是，战争的结局很快就形成了。济北王刘兴居战败被俘，自杀身死。济北国因为有叛乱之罪，被朝廷废掉封国而收为汉朝廷直接统治的一郡。

济北王刘兴居为何愤然起兵之后，却如此不堪一击？除了我上文分析的封国狭小、兵力不足、孤军作战、缺乏实战的指挥能力等诸多原因之外，《汉书·五行志中之上》的一段记载，也许可以帮助我们了解其中的奥秘：“文帝三年秋，天下旱。是岁夏，匈奴右贤王寇侵上郡，诏丞相灌婴发车骑士八万五千人诣高奴，击右贤王走出塞。其秋，济北王兴居反，使大将军讨之，皆伏诛。”这段记载有几个细节，很值得读史者注意。其一，匈奴方面发动这次对内地劫掠战争的人，不是匈奴单于，而是匈奴右贤王。这就意味着并不是匈奴的主力精兵来犯，灌婴指挥占有优势的汉军作战，有可能速战速决。其二，丞相灌婴所统率的汉军数量和主要作战地域，有了明确的记载，共有车骑士八万五千人参战，汉匈作战的主要战场是在上郡的高奴县。其三，刘兴居实际起兵的时间，是在灌婴的军队已经击退了右贤王之后，汉军有了可以随时撤兵回防的可能性。就刘兴居一方而言，他起兵反抗为时已晚，错过了最好的时机——匈奴右贤王举兵进犯上郡是在当年的夏季，而刘兴居起兵是在秋季，也就是灌婴所率的汉军已经把匈奴入侵者击败并赶到了塞外。刘兴居应抓住的起兵机会，本来就是利用汉军主力抵御匈奴而造成的空隙，使汉军陷入两面用兵的被动局面，这样他才有侥幸成功的可能性。其四，刘兴居为何起兵延误？大概不外乎两个原因：济北地处东方偏僻之地，他得到灌婴出师的消息偏晚；刘兴居此前并无起兵造反的预案，时机突然出现，他才匆匆布置，难免误期。由此可以逆推，刘兴居的起兵并非早有预谋，尽管他对汉文帝的怨恨早就存在了。

至此，宗室成员中最令汉文帝感觉不安的刘襄、刘章、刘兴居三兄弟，都不在人世了。而这三位在诛吕之役前后，都是风云一时的人物，也是汉文帝心存忌惮的宗室成员。这里，还有一个无法破解的历史之谜：刘襄、刘章两位兄弟，正值盛年而先后病逝，此前并无二人体弱多病的任何记载，倒是有生龙活虎的矫健身姿闪现于史册，更加之他们逝世前的具体病情均不见记载，种种迹象，不由人心生疑窦！借用“阴谋论”的思路，似乎可以大胆猜测和质疑：他们兄弟二人真的是抑郁致病而死，还是另有隐情潜伏在历史的深处？他们是否有被慢性毒药谋杀的可能？至少从政治斗争的残酷性来推测，无法排除这样的猜疑。当然，政治铁幕背后的真相究竟如何，当时的局外人都无从得知，后世读史者更加无从判定。同时，却也不妨碍人们各自展开想象的翅膀，多方设问求解，见仁见智。毋庸讳言，对刘襄、刘章兄弟壮年而亡的原因有所怀疑和探究，汉文帝的“仁君”形象就会添加一层雾障。

由于济北王刘兴居有起兵反叛朝廷之举，后世论史者出于维护大一统政权的惯性思维，也就没有人对刘兴居此前的“功劳”以及其后的失败、自杀表示同情和惋惜。但是，他的兄长城阳景王刘章“大功不赏”、英年早亡的曲折人生历程，却引发了很多人代为不平。汉代的社会舆论，常有超越于官方定论的强大生命力。刘章死后，在他曾经受封为王的齐地，民间风俗把他尊为神灵，对他的崇拜一直持续到东汉末年。这是一个值得读史者注意的社会现象。我认为，其中折射出民间舆论对于汉文帝压抑刘章的一种抗议情绪。这种抗议情绪在与朝廷主流意识不一致的背景之下居然可以绵延三百多年，也是创造了一个民间舆论的流传奇迹。“城阳景王崇拜”的起源与汉文帝压抑刘章有关，也就是与本书的内容有关，但是它的时间跨度远远超出了我预设的叙事范围，所以，我把这部分内容单设成篇，拟定为“延伸阅读之四”，供感兴趣的读者阅读，不妨会心一笑。

回顾汉文帝三年（前 177），真是“多事之秋”。请看：十一月，绛侯周勃被文帝下诏免去丞相之职后又被强制离开京城回到自己的封地，同时太尉颍阴侯灌婴“罢太尉官，属丞相”。四月，城阳王刘章逝世，淮南王刘长在京城袭杀前丞相、辟阳侯审食其。五月，匈奴大兵入侵北地郡，并一度占据河套之地，文帝不得不命丞相灌婴统领大军御敌；文帝本人也“初幸甘泉”，摆出准备“御驾亲征”的姿态。随后又发生了济北王刘兴居利用外敌入侵之机举兵造反的事变，直到八月才得以平定。(《史记•孝文本纪》)一年间，汉文帝承受了内政、外交的许多冲击。对处置难度很高的权力掌控，运作时得心应手；对突如其来的若干挑战，做出了很高明的应对。汉文帝的这一年，可谓形势严峻，难免身心疲惫，但是，他潜心应对下来，即位之初必须面对的所有难题，甚至是潜在的危机，都在他的处置之下，安然得以解决。汉文帝以高明政治家的形象，稳居在政治舞台的中央。

延伸阅读之四

形成于齐地的汉代巫俗“城阳景王崇拜”

城阳景王刘章是西汉前期的宗室子弟，在吕太后死后诛吕之役的宫廷军事政变中，发挥过至关重要的作用。周勃、陈平等政变首要人物，曾许诺封以腹地大国为酬谢。及至汉文帝“入继大统”，得知刘章及其弟刘兴居的本意是拥戴其兄齐王为帝，就把刘章兄弟视为异己，给予压制与排斥。文帝只封刘章为城阳王、刘兴居为济北王，封地仅各为一郡，周勃、陈平等人的许诺没有兑现，是朝廷负刘章兄弟在先。后来济北王刘兴居起兵造反，也有这种因素在其中发挥作用。刘章虽然未曾公开表示反抗，也难免心怀怏怏。值得注意的是，刘章去世之后，齐地之人却把他尊为神灵，立祠祭拜，成为地方上的一大尊神。为汉家朝廷所贬抑的刘章，为何得到齐地民众的尊奉？一个很大的可能性是齐地民众代刘章鸣发不平之声，借以发泄对朝廷亏待刘章的不满。

城阳景王祠何时出现在齐地，已经难以考实。至迟在两汉之交它即已存在，并且发挥过政治作用。赤眉军拥立刘盆子为帝的重大举动，就是由随军的齐巫在祭祀城阳景王的场合下提出的，从而改变了赤眉军仅求自保而没有政治目标的质朴状态。赤眉军“军中常有齐巫鼓舞祠城阳景王，以求福助。巫狂言景王大怒，曰：‘当为县官，何故为贼？’有笑巫者辄病，军中惊动。……而巫言益甚。前及郑，乃相与议曰：‘今迫近长安，而鬼神如此，当求刘氏共尊立之。’六月，遂立盆子为帝，自号建世元年”（《后汉书·刘盆子传》)。赤眉军拥立刘盆子为帝，事在更始二年（公元24)，上距刘章之死（前177）已有二百年之久。在这里我最感兴趣的是，齐巫借其名义发声就足以行事，反映出“城阳景王崇拜”在齐地民众中是相当有号召力的。

到东汉前期，“城阳景王崇拜”在齐地不仅继续存在于民间，还得到了当时封王的大力支持。光武帝之子刘京在建武十五年（公元39）受封为琅邪公，建武十七年（公元41）晋爵为王。刘京在汉明帝时正式就国，明帝为了表示对同母之弟刘京的“恩宠殊异”，给他的封国扩大了六县之地（泰山郡的盖、南武阳、华三县，东莱郡的昌阳、卢乡、东牟三县）。刘京的都城在莒县，恰恰是西汉前期城阳景王刘章的都城所在。“国中有城阳景王祠，吏人奉祠。神数下言宫中多不便利”（《后汉书·光武十王传》），这位琅邪王刘京，相信城阳景王的神灵足以对他构成不利，就上书朝廷，要求以华、盖、南武阳、厚丘、赣榆五县之地，换取东海郡的开阳、临沂两县，目的是改开阳为自己的都城所在，以求避免和刘章的神灵互相干扰。这件事情发生在汉章帝时期（76—88），此时距离刘章逝世之年（前177）已经二百多年，倡言刘章的神灵可以干扰一位在世诸侯王，实属荒唐。但是，琅邪王刘京的这个奏请竟然得到了汉章帝的批准。此事固然可以解读为汉章帝对叔叔刘京的尊重，也未尝不可认定为汉章帝本人也对刘章的神灵有敬重和敬畏之心。

对城阳景王刘章的崇拜之俗，一直延续到东汉末年。曾经在齐地担任过营陵令、泰山郡守的应劭，在其所著《风俗通义》中，特设“城阳景王祠”一条，记载了齐地的这一特殊风俗和他自己的感观。据应劭所见所闻，城阳景王祠的设立在齐地相当普遍，并且由于商人轮流主持祭祀，规模变得越来越大，信众颇多，“自琅邪、青州六郡及渤海都邑乡亭聚落，皆为立祠，造饰五二千石车，商人次第为之，立服带绶，备置官属，烹杀讴歌，纷籍连日，转相诳曜，言有神明，其谴问祸福立应，历载弥久，莫之匡纠，唯乐安太守陈蕃、济南相曹操一切禁绝，肃然政清。陈、曹之后，稍复如故”（《风俗通义·怪神》“城阳景王祠”条）。所说青州六郡之地的范围，据《后汉书·史弼传》注引应劭《汉官仪》之说：“济南、乐安、齐国、北海、东莱、平原六郡，青州所管也。”青州六郡之外，还有琅邪、渤海两郡，也盛行城阳景王崇拜。如此说来，有“城阳景王崇拜”的地区已经扩大到了齐地大部，并不仅限于他当年的封国之内。应劭在出任营陵令之时，曾经仿效陈蕃、曹操的做法，下令严禁境内淫祀：“到闻此俗，旧多淫祀，糜财妨农，长乱积惑，其侈可忿，其愚可愍。……今条下禁，申约吏民，为陈利害，其有犯者，便收朝廷；若私遗脱，弥弥不绝，主者髡截，叹无及已。”唯独对于城阳景王祠的祭祀活动，给予保留，理由是刘章“本封朱虚，并食此县”，并且引用古语“以劳定国，能御大灾”之说，高度肯定刘章生前有安定汉家社稷之功烈，“余郡禁之可也，朱虚与莒，宜常血食”。同时他也适当加以限制、降低其祭祀规格：“城阳景王，县甚尊之。……自今听岁再祀，备物而已，不得杀牛，远近他倡，赋会宗落，造设纷华，方廉察之，明为身计，而复僭失，罚与上同。”这道文告中还谈及此前的祭祀场面是“驾乘烹杀，倡优男女杂错”（《风俗通义·怪神》“城阳景王祠”条），接近于民间的盛大典礼，其声势极为壮观。应劭任营陵令的时间，推测当在“董卓之乱”（公元190）前后，上距刘章逝世之年（前177），已有360余年。“城阳景王崇拜”在齐地有如此强大的生命力，令人咋舌不已！民间信仰可以传承如此久远，往往需要有某种社会背景。城阳景王刘章的“神灵”在民间长期得到尊奉，一定与社会舆论对他的同情相关。在诛灭吕氏集团过程中身立大功的刘章，却受到汉文帝的压抑，在25岁的壮年病因不明地死去，在民间观念中是可以被解读为“横死”的。而“横死”者可以成为“厉鬼”，影响生者的安危，在民间信仰的范围内，是自有其内在依据的。

“城阳景王崇拜”的现象，结合历史背景来解读，很容易导向民间舆论对刘章潜在的同情，对汉文帝则是委婉的讥贬。与后面我们还要说到的淮南王刘长“横死”后民间出现的歌谣“一尺布，尚可缝；一斗粟，尚可舂。兄弟二人不能相容”有异曲同工之妙。这其实是“公道自在人心”的曲折体现。

以上的“延伸阅读”叙事下限稍显久远了，让我们把话题再返回到汉文帝刘恒即位之初。作为从代国“入继大统”的幸运者，汉文帝必须处理诛吕之役遗留的人事问题，也就是安抚、控御在这起特殊事件中的关键人物。这里涉及的主要人物，功臣集团中主要是周勃、陈平、灌婴三位，宗室集团中主要是刘襄、刘章、刘兴居、刘泽四位。由于刘泽在推举新皇帝的议论过程中，是宗室成员中排斥刘襄态度最为鲜明的一位，就此而言，他对于汉文帝而言是有“拥戴之功”的。因此，文帝对刘泽的态度也就很为亲近。汉文帝初立时的“酬勋”之举，就包括把刘泽改封为燕王。相对于刘泽原来的封地琅邪国而言，燕国虽然地理位置偏于北边，但是封国的面积却增加了许多。这当然是汉文帝对刘泽的优遇式回馈。年龄居长的刘泽被改封为燕王之后，仅仅两年就逝世了。朝廷给他议赠的谥号是“敬”，这当然是“美谥”。燕敬王刘泽在关键时刻，“选边站队”正确，其晚年享受的来自朝廷的待遇堪称“生荣死哀”。（《史记·荆燕世家》）汉文帝对刘泽的优遇，当然有郑重显示的政治信号在内：拥戴我的，必获优礼厚报。

稍做小结如下：到汉文帝四年（前 176）为止，他即位后必须特殊对待的七位人物，有四位（周勃、陈平、灌婴、刘泽）因年龄居长而正常退出了政治舞台中心；另外三位（刘襄、刘章、刘兴居）宗室俊杰人物均以壮年而死，而且他们生前都受到了排斥和压制。后三位的人生悲剧，明显与汉文帝不属于同一“政治阵营”有关。作为以外藩而“入继大统”的新君，汉文帝在登基之初，势必要与更早占据政治舞台中心的“老人”们周旋，虚虚实实、真真假假，算计和“推手”过招，时常出现。就实力而言，汉文帝在初期阶段并不占据优势。但是，在“天年”的自然规律和汉文帝的高明运筹之下，汉文帝用了很短的时间，就把朝廷的权力完全控制在自己的手中，以陈平和灌婴先后去世、周勃下狱为标志，已经没有人可以对汉文帝的政治权威有所制衡了。他快速完成了由弱势君王向强势君王的转变，成为严格意义上“乾纲独断”的皇帝了。

4.“兄弟二人不能相容”：淮南王刘长的悲剧

一如上文所述，在吕氏外戚集团被剿灭之后，在推举新皇帝人选时，被大臣们议论到的一共出现了三个宗室封王：齐王刘襄、淮南王刘长、代王刘恒。最后是代王被选中，“入继大统”而成为汉文帝。刘襄、刘长事实上与汉文帝形成过短暂的“竞争关系”。刘襄是被周勃、陈平、灌婴等功臣集团核心人物联合“宗室大佬”琅邪王刘泽所否定；刘长只相当于走程序的“差额候选人”，算是也曾被考虑到了、未曾被遗漏而已，其实没有任何一方政治势力真的想把刘长推举上去。其中一个重要的原因就是刘长幼时由吕雉抚养长大，铲除了吕氏集团的功臣集团和宗室集团的实力派人物，不想拥戴一位与吕太后有密切关系的皇子登上帝位。汉文帝登基之后，很注意塑造宽厚君主的形象，其中一个很用心的方面，就是“善待”曾经的两位帝位竞争者。汉文帝在处理与两位竞争者关系时的谨慎和细致，可以从他当上皇帝之后不久的一道册封诏书说起：文帝元年（前179）下诏：“封淮南王舅赵兼为周阳侯，齐王舅驷钧为靖郭侯。”（《汉书·文帝纪》）汉文帝同时晋封刘长的舅父和刘襄的舅父为侯，体现的是新皇帝对两位“平衡相待”的意识。

本来，其中的齐王刘襄，已经被大臣们排斥出政治中心了，他的舅父驷钧还被朝廷大臣们加上了严重的污名而受到了抨击，文帝完全可以延续他登基之前朝廷上的政治舆论，对刘襄系统以不再提及的方式予以冷处理；但是，文帝却不如此“顺理成章”地处理问题。他独出心裁，以加封驷钧为侯的手段，显示出新皇帝与此前朝臣处理问题的不同。他要显示未曾忘记刘襄—驷钧这个体系对铲除吕氏集团所做的贡献，也就是显示与此前执掌朝廷大权的实力派人物相比，新皇帝在处理问题时更讲究“人情”。汉文帝厚待驷钧一人，为他博得朝野上下的好感与好评，是不难想见的。驷钧受封为侯仅仅五年，就因罪而被废除封国（《史记·惠景间侯者年表》有载：“元年四月辛未，侯驷钧元年。前六年，钧有罪，国除。”），所犯何罪，《史记》不见具体内容，幸赖《汉书·外戚恩泽侯表》保留了简单的记载："六年，坐济北王兴居举兵反弗救，免。"在济北王刘兴居起兵失败三年后，他的舅父驷钧就被治罪废封，还是因为他和刘襄兄弟有甥舅关系。当然，城府深沉的汉文帝并没有干预和纠正朝廷重臣对齐王刘襄的排斥，不多久齐王刘襄就以壮年郁郁而终，不言而喻，这是汉文帝与周勃、陈平等人密切合作的"成果"。

对于淮南王刘长，汉文帝是很费心思来处理的。因为，汉高祖刘邦的儿子们当时还健在人世的，只有他们兄弟二人了。兄长刘恒现在成了皇帝，对于弟弟刘长理应有所照顾，这是新皇帝树立宽厚仁君形象时必须妥善处理好的关系。除了前文所述晋封刘长的舅父为侯之外，汉文帝以多种方式来显示对这位弟弟特殊的眷顾和宠信。如此一来，给自制力本来就有限的刘长以错误的心理暗示，恃宠而骄的毛病很快养成。"及孝文帝初即位，淮南王自以为最亲，骄蹇，数不奉法。上以亲故，常宽赦之。"（《史记·淮南衡山列传》）最后终于导致刘长的人生悲剧。

淮南王刘长骄纵不法，曾经多次违犯朝廷法度，汉文帝都对他不加追究，以至于淮南王刘长和汉文帝一道打猎时，刘长完全不遵守君臣尊卑的等级规定，他不仅与文帝同车出入，还直接呼喊汉文帝为"大兄"，似乎只是寻常家人的兄弟之礼，也就淡忘了君臣名分、尊卑礼仪。淮南王刘长深以其母赵姬之死为冤狱，他坚持认定辟阳侯审食其在当时与吕太后有特殊密切关系，如果审食其尽力向吕后求情，他母亲就可以避免自杀的悲剧。刘长据此推论，其母之死与审食其不肯尽力救护有关，进而把审食其当作杀母仇人。前文曾经分析过审食其与吕太后的特殊关系，而且这种密切关系是当时的朝廷大臣都心知肚明的。吕太后去世之后，在吕产、吕禄当政之时，就把审食其的官职从左丞相改任为“帝太傅”，政治地位被边缘化。这表明在吕太后死后，吕氏集团的首要人物似乎也不愿意让审食其再居于政治中枢。

吕氏集团被铲除之后，审食其因为与吕太后的关系太过密切，被免去了再次担任的丞相的职务。文帝即位后，审食其处于居家赋闲状态。他完全没有料到淮南王刘长对他恨之入骨，更没有料到这位皇帝的亲弟弟会自己动手取他的性命。史称“有材力，力能扛鼎”的刘长，确实有勇力，也有杀人的胆略。他以拜访的名义，前往辟阳侯府上。辟阳侯审食其未曾料到有诈，就出来见他。不料刘长袍袖中暗藏了一个大铁椎，在见面之时，刘长突然从袖中挥出铁椎，直击辟阳侯，将他打倒在地。随即刘长下令随从魏敬斩下审食其的首级。刘长在杀死审食其之后，摆出一副“好汉做事好汉当”的样子，急驰到皇宫阙下，肉袒向皇帝谢罪，借此说出自己杀死审食其的三个理由：“我的母亲当年不该受赵王谋反之事的牵连，那个时候辟阳侯是有能力影响吕后的，但是他不据理力争，其罪一也。赵王如意母子两人无罪，吕太后却杀了他们，辟阳侯不出面力争加以保护，其罪二也。吕太后分封诸吕为王，有图谋危害刘氏社稷的危险，辟阳侯不加以力争劝阻，其罪三也。臣谨为天下诛杀贼臣辟阳侯，给我的母亲报仇，谨伏阙下请罪！”刘长此说，名义上是向皇帝“谢罪”，实际上把自己定位为占据了道德制高点的好汉，不论是从“私义”还是从“公德”方面，刘长都在展示“正义在我”的慷慨气质。文帝得知淮南王刘长杀死朝廷大臣，很感为难。按照汉朝的法度，刘长擅自杀人，必定要受到严惩；但是，文帝很理解刘长给母亲复仇的心志，也考虑到刘长是自己的弟弟，不忍心将他逮捕治罪，就下诏特赦了刘长。文帝的处置方式，本来带有“法外施恩”的性质，但是，被“宠坏”了的刘长并没有反思和自我约束的自觉，反而变本加厉。在当时，薄太后及太子和朝廷诸大臣都对这位骄横不法的淮南王心存忌惮。刘长返回自己的封国之后，“益骄恣，不用汉法，出入称警跸，称制，自为法令，拟于天子”(《史记·淮南衡山列传》)。刘长在自己的封国内，居然不用汉家朝廷的法律，出入擅用皇帝的警卫规格，甚至使用皇帝专用的文书称谓，僭越使用天子礼仪。藩王如此行事，这在皇帝制度之下，已经属于严重的政治犯罪。刘长还多次上书朝廷，用语多有桀骜不驯之处，汉文帝对于刘长的违规和僭越行为，当然心中不快，但是，他不愿意亲自出面来重责这位皇弟，也许是为了给刘长保留一份尊严吧。于是，文帝指令时任将军的薄昭给刘长写信，加以规谏。薄昭在文帝继位过程中，多方联络，是有大功的“代来之臣”，又有帝舅之亲，当时在朝廷之上地位尊贵，有举足轻重的影响力。薄昭的这封规谏信，是奉旨而写，用词引典都非常用心，剖析利害，直击关键。薄昭历数皇帝对刘长的特意照顾，包括法外开恩，希望刘长感念皇恩，“大王宜日夜奉法度，修贡职，以称皇帝之厚德，今乃轻言恣行，以负谤于天下，甚非计也”。随即严词指出刘长犯有八大失误，都是“危亡之路”。又引用周初管叔、蔡叔的教训，以及春秋到秦朝时期贵族子弟被国君所杀的历史典故，下及本朝的代王刘仲、济北王刘兴居被废被杀的实例，苦口婆心地请刘长引以为戒。他还建议刘长要给皇帝上书谢罪，薄昭甚至于代拟了几句谢罪的奏文:“臣不幸早失先帝，少孤，吕氏之世，未尝忘死。陛下即位，臣怙恩德骄盈，行多不轨。追念罪过，恐惧，伏地待诛不敢起。”(《汉书·淮南王传》)如此一封用心良苦的规谏信，淮南王刘长却根本听不进去，他反而对朝廷心生怨恨。

到了文帝六年（前 174），一件扑朔迷离的淮南王刘长“谋反案”突然出现了。史载：刘长“令男子但等七十人与棘蒲侯柴武太子奇谋，以辇车四十乘反谷口，令人使闽越、匈奴。事觉，治之，使使召淮南王。淮南王至长安”。从行文风格来看，这段“定罪文字”应该来自事后朝廷的审案记录，表面上看来“谋反”的图谋，有内外呼应的布局，而且人证、物证俱全，似乎“谋反”定案毋庸置疑；但是，其中的疑窦却有不少：共同谋反的将军柴奇，是棘蒲侯柴武的太子，而柴武本人是前不久率军平定济北王刘兴居叛乱的核心人物，应该是文帝很倚重的重臣，没有特殊的缘由，柴武的儿子怎么突然会参与到刘长反对文帝的叛乱之中？刘长的部属70人与柴奇的军队公开起兵谋反了，兵力却仅仅是“輂车四十乘”，藩王叛乱动用的兵力规模居然如此之少，如同儿戏一般。叛乱已经形成事实了，叛乱的首要人物刘长不在军营之内指挥，却在自己的封地之内安然度日，尤其是在接到朝廷的使者传召之后，他就乖乖地到长安报到和接受审判了。如此“叛首”，是否有点智商太低？

随后就是将淮南王的专案审查报告送达皇帝。这份报告，以丞相张苍领衔具奏，联署的官员还有典客、代行御史大夫职务的宗正、廷尉、备盗贼中尉等人，从署名官员的级别、职务所在推测，朝廷对刘长“谋反”一案的审理，是高度重视、高规格办理的，其权威性和专业性都不容置疑。这份上奏文件最为核心的内容是：“淮南王长废先帝法，不听天子诏，居处无度，为黄屋盖乘舆，出入拟于天子，擅为法令，不用汉法。”另外还具体指控在封国内任用官吏的种种违规行为，进一步坐实了与棘蒲侯太子柴奇“谋反”的罪名。结论是刘长“欲以危宗庙社稷”。据此，判定刘长应该处以“弃市”，也就是在大庭广众之处公开处死。汉文帝针对这份奏请下达了裁决文告：“朕不忍致法于王，其与列侯二千石议。”于是，丞相张苍等人再议，此次参加案情讨论的朝廷官员居然多达四十三人之众！他们得出了完全一致的定论：刘长“不奉法度，不听天子诏，乃阴聚徒党及谋反者，厚养亡命，欲以有为”，也就是再次认定刘长“谋反”属实，一致要求对他按照法律严惩。汉文帝在接到复奏之后，再次下达制书，表达他“从宽发落”的个人意念：“朕不忍致法于王，其赦长死罪，废勿王。”也就是皇帝本人准备开恩，不忍心诛杀刘长，提出了赦免其死罪，废其封国的“从宽”处置的方案。丞相张苍等人于是按照文帝的要求，对刘长“谋反”一案提出从轻发落的审判建议：“长有大死罪，陛下不忍致法，幸赦，废勿王。臣请处蜀郡严道邛邮，遣其子母从居，县为筑盖家室，皆廪食给薪菜盐豉炊食器席蓐。臣等昧死请，请布告天下。”（《史记·淮南衡山列传》）汉文帝同意了这个处置方案。刘长被废黜王国之封，还要作为罪人被押送到遥远的蜀郡严道（道是秦汉时期与县平级的地方行政单位。严道，今四川省雅安市的荥经县）邛邮，也就是被强制押送到边远之地生活，性质上接近于后世的流放。上文所载的审案过程，似乎要求严惩淮南王刘长的，是以丞相为首的众多朝廷官员，而文帝似乎总是在宽大为怀，一再主张给刘长留出一条活路来。这几番曲折往返的官方记录，背后的真相究竟如何，很难做出绝对判断。朝廷审案官员表现出来的立场，那种对刘长深恶痛绝的态度，也可能来自对汉文帝内心真实想法的准确捕捉和领会。“恶人”由群臣来做，“仁厚君王”的美名留给皇帝，本来就是君臣政治游戏的常规。

案件既然被审结，朝廷最终判决刘长被流放，将刘长押送到遥远的蜀郡严道。具体的押运安排是：“载以辎车，令县以次传。”也就是将刘长囚禁在辎车之内，命令沿途各县以次转送。为人机警又敢于说点实话的袁盎，前来劝谏文帝：“皇上素来骄纵淮南王，不为他安排敢于严格要求的傅、相之类的高级官员约束他，导致他走到了现在的境地。不得不考虑到淮南王为人刚烈，现在突然以强力摧折他，为臣担心他万一遭遇雾瘴露寒而病死途中，就会使得陛下承担杀弟的名声，如何是好？”文帝说：“我故意让他受点困苦，让他有所收敛，过后就会优待他。”没有想到的是：押送途中经过的各县官员都不敢给淮南王打开囚车的封条。这就意味着刘长连日承受着没有饭食下肚的折磨。此时身处囚车内的淮南王刘长，对着他的侍者大发感慨：“谁说老爷我是勇者？我哪里是真正的勇者！我因为骄横的缘故，却无从听闻我的过失而到了今天的境地。人生一世间，安能如此苟且偷生！”就绝食而死。押送刘长的囚车行至雍县（今陕西省宝鸡市凤翔县），雍县的县令大着胆子打开了囚车的封条，才发现了这位曾经不可一世的淮南王已经死在囚车之内。县令把刘长的死讯上报朝廷。文帝得知消息痛哭甚悲，对袁盎说：“我很后悔不听先生的言语，终究导致淮南王不幸死亡！”袁盎宽慰说：“无可奈何，愿陛下自宽。”文帝问：“怎样才可以补救？”袁盎回答：“唯有斩丞相、御史大夫等参与审案的高官以谢天下，才可以有所补救。”(《史记·淮南衡山列传》)在这里我们所看到的袁盎对文帝的回复之语，显然是语含机锋的。刘长之死，从表面看来，与此前领衔上奏的高级官员一再坚持严惩的主张有关，但是，懂得朝廷内幕的人谁不知道，丞相、御史大夫等人都是猜测皇帝的心意而行事的。文帝根本不会真的对这些“曲体上意”高官痛下杀手。

文帝在得知刘长的死讯之后，压力确实很大，还有一个可以与前文相互印证的史料记载。在汉文帝表示后悔莫及之时，善于为君主筹划的袁盎极力为皇帝开脱，用以宽慰深感内疚的皇帝：“请皇上自行放宽心怀，淮南王之死已是既成事实，岂可后悔不止！况且陛下有三种高出于世人的品行，淮南王意外死亡之事不足以毁坏您的好名声。”文帝反问：“我三种高出于世人的品行是什么？”袁盎说：“陛下在代国为王之时，太后曾经得病，三年的时间，陛下亲自照顾您的母亲到了废寝忘食的程度，汤药不经陛下亲口所尝就不会进呈给太后。如此孝敬母亲，古代的著名孝子曾参以布衣百姓之身也未曾做到，而今陛下亲自以王者之身做到，您尽孝超过曾参多了。诸吕用事，大臣专制行事之际，陛下居然从代国乘坐区区六乘车传，驰向无法预测的危险深渊，即便是古代的著名勇士孟贲、夏育之勇也不及陛下。陛下到达长安的代邸，面对群臣的拥戴劝进，陛下五次礼让天下，古代的圣人许由也只是礼让了一次天下，陛下在礼让天下方面超过许由四次了！更何况，陛下迁贬淮南王，目的只是要苦其心志，使其改过，只是由于途中所过地方的有关官员照顾不用心，才导致淮南王病死。”（《汉书·爰盎传》）袁盎此论，体现了智者官员对于解除皇帝尴尬的实用价值。这段话，给汉文帝个人奉上了三顶桂冠，使之成为大孝、大勇、大礼让的人物，由古及今无人能及；还对刘长之死做了定性——是意外事故，而且还是下级官员不理解皇帝本意而导致的不幸意外！听了如此解释，汉文帝心下大感宽慰。因为文帝知道，袁盎是给他创造了解释刘长之死的最好说词。此后，朝廷就是按照这个统一口径来解释淮南王的死因，一切都顺理成章！文帝可以不再有任何心理负担了！

经过袁盎的巧妙解释和引导，刘长中途死亡就成为“意外事故”了，而且造成这种意外后果的是沿途地方官员，与皇帝本人无关！因此，文帝一定要对刘长途中绝食而死之事有所追责，用来显示自己“兄弟情深”的人格，于是，押运刘长所经之地的地方官员就成了“倒霉蛋”和“替死鬼”了。文帝即令丞相、御史大夫负责搞起了专案审查，对沿途诸县依次押送淮南王的长官加以严审，凡是不打开囚车封条、不给淮南王提供膳食的官员，都被公开处斩。沿途的多位县官，就如此而稀里糊涂送了自己的小命。文帝还下令以列侯的礼仪规格安葬淮南王刘长于雍县，还安排了三十户百姓做“守冢人”。总之，刘长死后，文帝对他后事的处理，一再显示宽大和仁爱。

假如我们要探究汉文帝当时把刘长安顿到严道居住的本意，可以有不同的角度，也就可以得出不同的结论。如果从严惩桀骜不驯的封王来考虑问题，就可以判定这是文帝城府深沉的安排：严道地处偏僻，远离政治中枢，刘长在那里生活，也只能是自生自灭，不论他如何勇猛不羁，都无法在政治上再掀风浪。从“善意”的角度来理解，也许可以发现文帝对这位弟弟还有某种“温情”存在：严道虽然偏远，但是与周边地域比较，还是经济文化较为发达的地方，严道古城遗址周围的考古发掘，出土战国、秦汉时期文物十分丰富，有数量可观的青铜器、玉器、漆器和独具特色的巴蜀印章，其中有的文物很精美，或者堪称规格不低。就基本环境而言，文帝并没有把刘长安顿到贫寒之地。即便后者的推测更符合文帝的本意，但是，由于刘长死在被押送的途中，他并未到达拘押地，也就无从体会皇兄对他的善意安排。

很有意思的是，直到刘长死后多年，汉代的民间歌谣，还在表达对淮南王的同情和对皇帝的嘲讽。迟至文帝十二年（前168），民间有人创作了一首歌谣《淮南王歌》："一尺布，尚可缝；一斗粟，尚可舂。兄弟二人不能相容。"这首歌谣，一时传唱甚广，以至于汉文帝本人也听闻了。他感受到了一种来自民间的舆论压力，不由得感叹："上古时期，尧和舜放逐了自己的亲生骨肉，周朝初期周公诛杀自己的兄弟管叔和蔡叔。天下称赞他们是圣人，为什么？因为他们不以私情危害天下公义。天下人莫非以为我处置淮南王是贪占他封国的领地吗？"于是恢复了刘长的王位，追尊他为淮南厉王。按照谥法的解释："暴慢无亲曰厉"，"厉"尽管是恶谥，毕竟是恢复了刘长的王号，也算是一种"皇恩"了。又过了几年，汉文帝以"怜淮南厉王废法不轨，自使失国蚤死"为由，将刘长的三个儿子由原来的"侯国之封"提升为"王国之封"，把刘长原来的封国土地，全部分封给他的三个儿子。（《史记·淮南衡山列传》）汉文帝用"退还"淮南王国全部领土的方式，来显示他当年严惩刘长、废其封国，只是为了遵守朝廷法纪、维护天下大义，而不是因为贪占他的封国领土。这里出现了两个很值得关注的问题：其一，在汉文帝的帝位完全巩固下来之后，他还如此重视来自民间舆论的影响。对一首在民间传唱的歌谣，他贵为皇帝，不仅要亲自做出文字上的解释，还要用"归还封地"的切实行动，来表明自己的心迹。这种显得“过于较真”的做法，可以表明汉文帝确实是一位重视自己形象定位的统治者。他不愿意在百姓的歌谣中出现“负面”因素。这是一位愿意付出沉重代价也要努力维持脸面的皇帝。其二，在当时的政治理念中，分封的诸侯国是有相当的独立性和自主性的。封王的领地尽管是由朝廷所划定、所赏给，但是，一个王国一旦受封而立国，其领土与朝廷直接控制的“郡县体系”的领土概念是有严格区别的。如果朝廷废除一个诸侯，或者剥夺一个诸侯国的部分领地，在当时的“社会常识”和舆论要求中，朝廷是要做出说明的。这当然是研究西汉前期政治制度很重要的一个问题。

至于刘长之死，为什么汉文帝在内心深处，有说不清楚的压力和内疚？以及当时民谣为何要对皇帝薄于兄弟之情加以追问？其中有三个重要的原因：

其一，淮南王刘长恃宠而骄之时，汉文帝并未以皇帝之尊及时加以训诫，反而继续示宠于刘长，导致刘长越发骄横，目无法纪，最后走向了“谋反”的绝路。这个过程，是汉文帝一时失察，还是故意以宽纵的手段诱惑弟弟触犯大罪？这是一个无法论定的历史疑案。因为这个过程和《左传》中的一段名案《郑伯克段于鄢》太接近、太相似了！

“欲擒故纵”，如果运用于生死决于须臾的战阵之上，尚不失为一种古老的军事智慧；但如果转用于君主暗算臣下（甚至其中包括骨肉至亲），那么其中蕴含的权术阴谋就难免令人心悸了。春秋时期的郑庄公在继位之初，明明知道自己的母亲更喜爱他的弟弟共叔段，而且共叔段依仗有母亲的宠爱，行事多有不轨。虽如此，母亲姜氏依然偏袒共叔段，多次出面为他争取政治利益。共叔段恃宠而骄，滋长了政治野心，做出了许多违背礼制规定的僭越之举。这对郑庄公而言，是一个很难处理的问题：一母同胞的亲弟弟（偏偏还得到了母亲的特殊溺爱），他的举动即便有违礼之处，但只要尚未走上公开叛乱的道路，郑庄公就不便贸然给予制裁，否则就会使得郑庄公背上对弟弟不仁、对母亲不孝的罪名。城府深沉的郑庄公，不动声色地观察母亲与弟弟的举动，以表面上的宽容、忍让，给心怀叵测的弟弟传达错误信息，怂恿弟弟尽快迈出“叛乱”的一步。郑庄公本来有许多机会制止叛乱事变的发生，他偏偏袖手旁观。在某种程度上说来，郑庄公比共叔段更盼望着叛乱兵变的发生。直到共叔段集合军队、准备袭击郑国都城的时候，郑庄公得到了弟弟与母亲合谋叛乱的确切证据，这才下令出兵征讨。他凭借早有准备的优势兵力，很快击败了共叔段，迫使其出奔境外。郑庄公随即将母亲押送到都城之外，加以软禁，发誓“不及黄泉，无相见也”。(《左传·隐公元年》）郑庄公彻底解决了弟弟恃宠争权的内乱，并“教训”了用心不公的母亲，他的统治权得以完全确立。在不明真相的人看来，郑庄公一直是仁至义尽的，而姜氏与共叔段母子则是贪得无厌，自取其祸，郑庄公就是希望造成这样的舆论。然而，识破天机的智者，却不为所惑。郑庄公的历史评价，本来很高，有“郑庄小霸”之说，但是，他对于弟弟共叔段的处置方式，历来被质疑、被讥嘲。为了争夺政治权力，郑庄公对自己的弟弟和母亲，机心太深，令人有不寒而栗的感觉。

汉文帝对待淮南王刘长的手法与郑庄公对待共叔段的前例两相对照，太容易让人产生联想了！汉人对汉文帝用心的猜测，自然有其道理。以类似方法处置有骨肉之亲的跋扈藩王而坐收强化君权之效，汉文帝可谓是郑庄公的知音。如果上述联想属实，那么，汉文帝的机心之深，实在是令人恐惧！

对于汉代人的此类猜测，后世也有人在延续着。我却不敢做出明确的结论，这是因为，如果我们联想到文帝曾经转托帝舅薄昭对刘长极力规谏，似乎也不宜于断言文帝对刘长没有任何的劝诫和警示。当然，文帝确实没有自己出面来严责刘长，并且对刘长的“开恩”和几次“宽大”，客观上助长了刘长的骄横情结。汉文帝对此总有“说不清”的嫌疑。

其二，淮南王被判定为“谋反”的证据，并非没有疑窦。对此，我前文已经有所梳理。刘长违规僭越的罪证，本来有很多，文帝借助这些确凿的证据，废黜其封国，完全正常。如果汉文帝如此整肃刘长，不论是当时舆论，还是后世史论，都不至于对文帝发出诛心之论；可是，文帝却一定要按照“谋反”重罪来处置，这就难免令人产生疑问。再加之，刘长“谋反”罪案本来疑点很多，而参与审案的一批高官却“立场一致”地几次要求按照“谋反”罪名论处，这就是对刘长必欲置之死地而后快，这究竟是审案官员轻率所致，还是他们在秉承皇帝旨意行事，或者至少也是暗中揣度皇帝的用心而刻意如此？

其三，在刘长被废黜王位，又被递解押送流迁之地的途中，他是被强制关在囚车之内，车门还有封条加以锁闭，而无任何“官方口径”告知沿途地方官是否可以打开封条提供饮食！当时的这种“拘押状态”，让官员们无从猜测皇帝的本意究竟何在，是希望刘长安然到达流迁之地，还是希望他毙命于途中？设身处地考虑问题，当年刘长的囚车所过各地，负责转送的地方官员一定为此而三思不得其解！

基于以上三方面的分析，我感觉：汉文帝在导致淮南王刘长中途而死的过程中，他的本意究竟是什么，他应该负有何等责任，应该属于无法确证，只能是见仁见智。当然，随着刘长的去世，汉高祖刘邦的儿子依然健在的，唯有汉文帝刘恒一人了。谁是刘长暴死事件的受益者，毋庸多言。至于淮南王刘长在近代戏剧舞台上的形象，则是另外的问题了。感兴趣的读者，可以翻看文末的“延伸阅读之五”。

在此，再简要介绍后面的一段历史简况：在汉文帝同时册封刘长的三个儿子为诸侯王之时，其中就有刘安，他继承了“淮南王”的封号。这位淮南王刘安，在历史上诸多层面的影响，都超过了他的父亲刘长。刘安在汉武帝时代的政治遭遇和不幸命运，成为后人研究汉武帝整肃诸侯王的重要个案资料；他主持编纂的《淮南子》，在中国古代学术史上有重要价值和突出地位，直到现在，都是研究汉代黄老学派最重要的传世典籍。此为后话，依例从略。

延伸阅读之五

《淮河营》：京剧舞台上被“拔高”的淮南王刘长

京剧《淮河营》为京剧老生泰斗马连良先生的马派经典剧目。《淮河营》本是《十老安刘》的一部分，由于《十老安刘》演出时间过长，所以《淮河营》这出戏常常单独演出。《淮河营》主要内容是蒯彻、李左车、栾布等三人去劝说刘长起兵讨吕。

《十老安刘》讲汉初惠帝刘盈死后，他的母亲吕雉临朝称制，立吕台、吕产、吕禄和吕通为王，又封诸吕六人为列侯。吕雉的做法，大大地违反了“白马之盟”，于是刘氏一些宗亲和老臣便设法要刈除诸吕的势力。当时，刘邦的少子淮南王刘长镇淮南，有兵权；蒯彻、栾布和李左车三个顾命旧臣去淮南说服刘长起兵除吕扶汉。刘长的母亲原是故赵王张敖的美人，从刘邦后被吕雉害死；刘长在宫中被吕雉抚养成人，本来不了解自己的身世。蒯彻等讲明因由，刘长坚持要看到皇家宗卷才肯相信。不想吕雉惧怕泄露事实，早将宗卷焚毁；因此淮南王派出盗取宗卷的田子春无法复命，便向丞相陈平追究，陈平则向守卷官张苍索取。张苍焦急得想要自杀，幸亏他的儿子张秀玉把真正宗卷交出，并且说明缘由。原来吕雉所烧的宗室宗卷乃是张秀玉事先抄录的摹本，宗卷真本被张秀玉暗中保存下来。张苍这才可以交出真本。刘长看到真的宗卷，得知身世真相，便联合当时做内应的朱虚侯刘章与周勃、陈平等人，兵围长安，屠戮诸吕，迫使吕雉在宫中焚死。刘长与功臣和宗室成员共同推举代王刘恒入京继位。刘恒就是汉文帝。

《十老安刘》里的“十老”指的是反对吕雉的刘贾、刘交、蒯彻、陈平、栾布、王陵、周勃、张苍、李左车、田子春等十人，传统剧目只有《监酒令》和《盗宗卷》。马连良先生在1937—1938年根据《史记》、《汉书》和《西汉通俗演义》，并参酌有关的地方剧本，交由吴幻荪先生贯串成为今本。其中如吕雉自焚等与史实不符的情节很多，则系迁就故事内容完整性而使然的。《淮河营》的蒯彻和《盗宗卷》的张苍是马连良先生创造出来的两个性格鲜明的人物，前者以机智勇敢而富有说服力量的念白取胜，后者以表现忽喜忽惧而感情急遽变化的演技擅长，都是他的代表作。

唱词（节选）

蒯彻:【西皮摇板】淮南王他把令传下，

李左车:【西皮摇板】分作三班去见他。

蒯彻:【西皮摇板】分明是先把虎威诈，不由得吾等。

蒯彻、李左车:【西皮摇板】笑哈哈。

栾布:【西皮流水】战鼓不住咚咚打，只打得栾布心内麻。乘此机会我就溜了吧，生死的关头屎也不叫拉。

蒯彻:【西皮流水】此时间不可闹笑话，胡言乱语怎瞒咱？在长安是你夸大话，为什么事到如今要奸猾？左手拉住了李左车，右手再把栾布拉。三人同把那鬼门关上爬，【散板】生死二字且由他。

李左车:【西皮摇板】小刘长摆下刀和剑，要吓左车难上难。

李左车:【西皮摇板】香宫娘娘死得惨，空留幼主在人间。

刘长:【西皮摇板】听一言来怒满膛，花言巧语你骂孤王！进得淮营胡乱讲，搬弄是非你罪怎当？人来囚起候发放，再宣二班就见孤王。

栾布:【西皮小导板】辕门摆下刀枪阵，【西皮流水】明晃晃好不怕煞人！来至在营门我用目睁，两眼昏花我也看不真。

栾布:【西皮流水】忽听得里面传将令，吓得我栾布心内惊。此一番进去怒恼了他的性，那时节推出了那辕门以外我的老命就归了阴。大着胆儿我就钻刀阵，他问我一言我答一声。

栾布:【西皮散板】霎时之间上绑绳，吓得我栾布心内惊。我高叫老蒯来救命哪！

蒯彻:【西皮散板】虞侯为何上了刑？

栾布:【西皮散板】刘长这小子他是概而不论，不容我分说就上绑绳。咱三人倒有两个上了捆，这救命的全仗你一个人！

蒯彻:【西皮散板】听罢言来笑吟吟，我有言来你是听：你既知小刘长暴虐烈性，为什么举荐我来见他人？这也是你耍刁滑自己的报应，要求救你只好另请高明。劝虞侯且忍耐略等一等，待我去见刘长舍命拼生。但愿得说动他乃炎汉之幸，也不枉我三人千里迢迢走淮营，我们同来同行。全凭我三寸舌在败中取胜，

栾布:【西皮散板】你进去也得留着点神！

蒯彻:【西皮散板】低下头来暗思忖，怎样说动就把他赢？我将主意来拿稳，衣帽斜跨见他人。撩袍我且钻刀阵，看他把我怎样行！

刘长:【西皮摇板】他那里一言将我问，【西皮流水】我这里答辩不出声。本当与他动蛮横，怎奈是先王驾前年迈苍苍一老臣！

暂且忍下我心头恨，再与蒯彻说分明。

刘长：【西皮摇板】听罢蒯彻三罪论，如梦方醒愧在心。急忙下位礼恭敬，多蒙先生训后生。

蒯彻：【西皮摇板】冒渎千岁失恭敬，快快赦回二老臣。

刘长：【西皮散板】传令快把二老请，

李左车：【西皮散板】想是蒯彻把功成。

蒯彻：【西皮小导板】辞别千岁长安转，【西皮流水】得意洋洋笑连天。看半副銮驾排列站，这一场荣耀非等闲。死里逃生我好险，似这样虎口拔牙的事儿哪一个大胆敢向前！摇摇摆摆我出前殿，

李左车：【西皮散板】实不愧舌辩侯，

栾布：【西皮散板】名不虚传！

请各位读者留意：这出《淮南营》是京剧舞台上的马派艺术代表作之一，在艺术上焕发出夺目的光彩；但是，其中出场的人物，不论是活动的年代，还是命运归宿，和历史上真实的人物之间有很多“错位”之处。不能把戏剧人物误当作历史人物来看待，这是观看“历史剧”的前提知识。至于在戏曲舞台上刘长的形象为何被“拔高”，以及曾经鼓动韩信背汉自立的辩士蒯彻为何被塑造为“安刘”的关键人物，则都可以成为茶余饭后从容讨论的话题。

三、与民休息：奠定“文景之治”根基

一如“引言”所述，本书正文叙事的下限时间是汉文帝六年（前174）。从正式即位算起，不过短短六年的时间，汉文帝不仅在错综复杂的环境之下，坐稳了皇帝的宝座，而且展示了他作为“守成明君”的手腕和风采。文帝所主导的政局和政风，直接为此后“文景之治”的出现，奠定了坚实的基础。

1. 心怀戒惧之念，君臣同心求治

汉初的统治集团，从汉高祖到汉文帝，也包括当时的官僚和用世的学者，他们充满了忧患意识和务实精神。此下我们着重探讨汉文帝和他的朝臣在这一方面的表现。

清代以考据见长的历史学家赵翼在其所著《廿二史劄记》卷二中，开列了一个条目，叫作“汉诏多惧词”，也就是说汉代的皇帝发布的诏书中有许多充满了戒惧之心，充满了敬畏之心，这是一个良好的传统。而“汉诏多惧词”的格局就是汉文帝时期开

创的。所以，赵翼在该条中列举的第一个充满戒惧之念的诏书，就是汉文帝公布于天下臣民的。

汉文帝即位后的第一个正月，有关方面的官员就郑重上奏，请求皇帝尽快确立太子人选，并且强调这是“所以尊宗庙”的大事。汉文帝为此与朝臣之间有三次文书往返，他的第一道诏书，坚决不同意从皇子中择立一人预定为太子。诏书中有大意如下的一段文字：“朕自身没有大德而侥幸做了皇帝，上帝神明我还未曾尽心供奉，天下人民还未曾心志舒畅。现在我即便做不到博求天下贤圣有德之人而把天下禅让给他，反而要提前确立太子，这种做法就是在加重我不修德政的罪状啊。让我怎样对得住天下人对我的信任？早立太子之事，还是以后再说吧。”这段话表达的是谦让自守的真诚，也许带有政治作秀的某种成分在内，但是作为一位荣登帝位的最高统治者，文帝的正式诏书如此给自己做出定位，确实很是难得。文帝元年（前179）这道诏书，确立了文帝在位期间的一种政治风格——心怀戒惧，谦虚自守。文帝二年（前178）的十一月和十二月，先后发生了两次日食。汉文帝认为这是自己德政有缺，上天以日食之灾发出警告。他下诏承担责任：“人主不德，布政不均，则天示之以菑，以诫不治。……朕获保宗庙，以微眇之身托于兆民君王之上，天下治乱，在朕一人……朕下不能理育群生，上以累三光之明，其不德大矣！”据此，他要求各级官吏在见到这个诏书之后，认真思考皇帝的过失，把皇帝思虑所不及的各种真见卓识，一体报告给皇帝。他进一步要求“举贤良方正能直言极谏者”，以补救他本人见识之所不及。后来，文帝十四年（前166），他所公布于天下的诏书，把“汉诏多惧词”的政治风格表现得淋漓尽致，诏书中讲了这样几句话，说他已经“奉宗庙”，也就是当皇帝14年了，“以不敏不明而久抚临天下，朕甚自愧”，“现在听说负责与神灵沟通的祠官在祈福祝祷词中，都把祈福归向我一人之身，不为百姓祈福，朕很感惭愧。以朕的无德之身，而一人独享美福，百姓却没有福分得到，这是在加重我不德的罪状。从现在开始下令祠官向神灵致敬时，不许再为我有所祈祷”。(《史记·孝文本纪》) 后元年（前163），汉文帝针对着连年的农业歉收、多地发生灾疫等情况，下了个诏书，要求他的大臣就社会上存在的问题，一定给他据实回答，不要有任何隐瞒，在这个诏书的开头，他说：“间者数年比不登，又有水旱疾疫之灾，朕甚忧之。愚而不明，未达其咎。意者朕之政有所失而行有过与？”这意思是说，现在出现了这么多的问题，我为人愚钝，不知道问题出在什么地方了，自己猜测或许是我的政务有失误、行为有过失吧？请众多朝臣就此展开议论，有可以造福百姓的看法，你们都要出于长远考虑而坦率地告知我，不要有任何顾虑和隐瞒。甚至在汉朝廷控制区域之外，习惯上称为“蛮荒之地”出现了不安宁的问题，文帝认为不论是境外还是境内只要出现问题，总是他的责任未曾尽到。他在诏书中说：“朕既不明，不能远德，使方外之国或不宁息。夫四荒之外不安其生，封圻之内勤劳不处，二者之咎，皆自于朕之德薄而不能达远也。……中外之国将何以自宁？今朕夙兴夜寐，勤劳天下，忧苦万民，为之恻怛不安，未尝一日忘于心。”（《汉书·文帝纪》）汉文帝就是这样一位充满了责任感的皇帝，后世的读史者，每当看到这样充满戒惧与自责的诏书，不能不对他肃然起敬。如果我们再回溯历史，看看在汉文帝之前的秦始皇、汉高祖两位的诏书，政治意蕴完全不同。他们两位都是高视阔步、雄踞天下之上的皇帝，何曾有汉文帝这样的胸襟与见识？应该说，汉文帝创设了皇帝治国理政的全新格局——以忧患意识行谨慎之政。

汉文帝时期的官员和政论家，也同样表现出强烈的忧患意识。为了国家的长治久安，对皇帝可以直言进谏而没有顾忌，政论家贾谊和贾山最有代表性。贾谊有一篇著名的政论文《治安策》，在分析汉文帝时期的天下形势的时候，他开篇就说：现在天下的大势，“可为痛哭者一，可为流涕者二，可为长大息者六，若其它背理而伤道者，难遍以疏举”。设想这样的表达方式，如果是在一个暴君当政的时代，大概这句话不等他说完，就会被喝令停止，甚至于被逮捕下狱，乃至于杀头。臣僚能够据实直言，痛陈社会积弊，首先要有个前提条件：当时的政治环境比较宽松，臣僚和政论家才敢这样讲话。当着形势比较峻急、政治高压临头的时候，大家都会闭上自己的嘴巴。贾谊议事而无所忌讳，应该是汉文帝愿意垂听批评性意见的产物。贾谊在《治安策》中，还有一个精彩的论断：别人当面逢迎皇帝，说陛下已经把国家治理得“既治且安”了，但是，我却要告知陛下，他们说的都不对，让我来告诉你真情实话，现在的国家形势就像是：有人卧在一堆柴草上边在睡觉，而柴草下边的火种都已经放好了，只是尚未点燃起来而已！他还点破另外的一个问题：“必曰天下安且治者，非愚则谀”，那些说现在的形势是一派大好的人，他们不是愚蠢之辈，就是阿谀逢迎之徒。（《汉书·贾谊传》）这就是对皇帝说明一个道理：如果皇帝轻信这些阿谀逢迎的话，就会对天下形势产生错误的判断，就有可能做出错误的决策。政论家贾山，写了一篇政论文《至言》上奏给汉文帝。他援引秦朝灭亡的教训，来给汉文帝上课，希望朝廷搞开明政治，不能打压言路。“秦始皇自居于灭绝的环境之中而自不知，原因何在？就在于天下人没有人敢告知他实话。之所以没有人敢告知他实话的原因何在？朝廷之上没有养老之义，没有辅弼之臣，没有进谏之士，皇帝随意杀人，斥退敢于提出不同意见之人，杀害直谏之士，于是阿谀逢迎的风气日益严重，要夸赞秦始皇的道德就说他超过了古代的圣王尧舜，要歌颂秦始皇的功业就说他超过了商汤周武，最后就出现了天下大局已经崩溃却没有人告知他实际情况的悲剧。”（《汉书·贾山传》）这样的议论，都是在借古喻今，显然带有警告最高统治者的良苦用心。对此，汉文帝心领神会，虚心采纳。

以贾谊和贾山的政论为核心，在汉文帝时期形成了一波“过秦”思潮，也就是讨论秦朝的哪些过失导致其短命而亡。这在中国古代的政治思想史上，闪耀着恒久的理性光辉。在本节文字的最后，我以“延伸阅读”的方式，简要介绍西汉前期的“过秦”思潮，请感兴趣的读者朋友翻看。

汉文帝君臣秉持戒惧之心，上下同德，致力于把国家引向大治之途。于是我们看到，这个时期的统治者，心存“以民为本”之念，推行了黄老学派主张的“与民休养生息”的治国大策。统治者尽最大可能减少对百姓的赋税征收和力役征调，在史书上被歌颂为“轻徭薄赋”。

国家对农民征收的土地税，由汉初的“十五税一”改变为“三十税一”（也就是税率仅为3.33%），后来在文帝的晚年到景帝之初的一个阶段，甚至完全免收农业税。这当然是惠民之政。国家要想减少对百姓的赋税征收，就必须压缩其财政支出。为此，汉文帝非常注意勤俭从政。据说，汉文帝有意兴修一座“露台”，在动工之前招来工匠计算工程造价，得知需要“百金”的费用。这个费用，相当于中等之家十户家产的总和。汉文帝立即决定停止这一工程。他的理由是："百金是中等民户十家的资产。我得以居住在先帝的宫室之中，时常担忧自己的行为使得宫室蒙羞，为何还要新建露台而耗费民脂民膏呢！"（《史记·孝文本纪》）古往今来人们习惯于把皇帝说成"富有四海"，好像贵为天下之主，为了兴修土木工程而多花钱是很正常的事情。秦始皇、汉武帝、隋炀帝都有大兴土木工程的记录。许多帝王，对兴建宫殿台阁而大把地花钱，是没有任何顾忌的。他们为了满足奢华生活的需要，挥霍了多少百姓的血汗钱，他们是不会为了区区十户百姓的家资而停建宫殿工程的。两相对比所呈现出来的不同，恰恰折射出汉文帝的可贵。

延伸阅读之六

简析西汉前期的"过秦"思潮及其影响

西汉前期的思想家、政论家贾谊，著有千古名篇《过秦论》，专题论述秦王朝的过失。由于此文为汉代雄文之冠，历代传诵不息，遂造成一种错觉，似乎"过秦"之论为贾谊的"专利"，实则不然。在西汉前期，讨论亡秦过失，并以之作为新王朝统治的历史借鉴，是前后相承的政治文化议题，甚至称之为一种社会思潮亦不为过。讨论它的主要内容和社会影响，是富有多种意义的命题。

汉初思想家对秦朝失误的总结，是相当深刻的，表现出非常鲜明的人文关怀和资政致治的追求。汉家政权在多年兵火劫难的废墟上诞生，百废待举，而以贾谊为其杰出代表的西汉前期的思想家，冷静地总结历史，以秦朝的速亡为例证，劝谏汉朝的统治者改弦更张，以新的治国思想来调整统治政策。思想家“先知先觉”的价值，在这里得到彰显。

（1）“过秦”思潮的主要内容

汉代的“过秦”之论，涉及方面非常广泛，其重点所在则有以下三端：

批判秦朝苛法酷刑。贾谊就此三致其意：“秦王怀贪鄙之心……禁文书而酷刑法，先诈力而后仁义，以暴虐为天下始。”他指责秦二世：“繁刑严诛，吏治刻深，赏罚不当，赋敛无度，天下多事，吏弗能纪，百姓困穷而主弗收恤。然后奸伪并起，而上下相遁，蒙罪者众，刑戮相望于道，而天下苦之。”（《史记·秦始皇本纪》引《过秦论》）最终导致天下溃乱。

批判秦朝残民以逞。秦朝统治者旷日持久地用兵，大规模地兴建宫殿陵寝，无不以役使百姓为前提，民众不堪其苦。对此，汉初政论家多有论述。一个政权与民众为敌，其结局只能是在全民性的抗暴怒潮面前解体。对此，贾谊有一个著名的论断，对后世有很大的影响：“故夫民者，至贱而不可简也，至愚而不可欺也。故自古至于今，与民为仇者，有迟有速，而民必胜之。”（《贾谊集校注·大政上》）

批判秦朝扼杀言路。秦朝推行的文化高压政策，特别是“焚书坑儒”“诽谤之法”，对善意的批评意见给以残酷无情的镇压，导致了士人离心、天下多怨的局面，在汉代前期的思想家看来，是秦朝速亡的重要原因。贾谊分析说：“当此时也，世非无深虑知化之士也，然所以不敢尽忠拂过者，秦俗多忌讳之禁，忠言未卒于口而身为戮没矣。故使天下之士倾耳而听，重足而立，钳口而不言。是以三主失道，忠臣不敢谏，智士不敢谋，天下已乱，奸不上闻，岂不哀哉！”（《史记·秦始皇本纪》引《过秦论》）秦朝控制舆论、扼杀言路，造成的是万马齐喑的局面，结果是在闭目塞听之中走向了败亡。

（2）“过秦”思潮的社会影响

汉家政权初建，应该如何治理这个千疮百孔的社会？当时的统治集团并非胸有成竹。《过秦论》的兴盛一时，客观上为统治者提供了历史借鉴，对于汉初若干政策的制定与调整，起了重要的指导性作用。

就治国原则而言，“汉兴之初，反秦之敝，与民休息，凡事简易，禁罔疏阔”（《汉书·循吏传》）。一句“反秦之敝”道出了汉初政治的奥妙，也折射出“过秦”的现实意义。“逆取顺守”的政治定论，自此成为历代沿用不替的治国法则，每当在朝代更迭之际就是拨乱反正的立论基石，其影响之大更是有目共睹。

以秦为喻，广开言路，成为汉代一切开明之政的源头活水。汉代士人批评时政多有直言不讳之论，往往与“借秦为喻”密切相关。耿直大臣出言无忌，就是由于“过秦”思潮的影响力足以束缚皇帝的个人意志，使之不敢肆意而行。汉代的轻刑安民之政、抑奢尚俭之风，都与汲取秦朝的速亡教训有关，也就是与“过秦”思潮的积极影响有关。

2. 开明政治：废除株连之刑和“诽谤法”

汉文帝治国理政，受到了当时人和后世人的许多肯定。尤其是他积极的刑律制度的改革，体现出轻刑治世和注重法律与人情的调适，收到了笼络民心、稳定秩序、移风易俗的良好效果。查阅史籍，翻检当时人所发出的相关评论，以晁错之说最为言简意赅。他说：秦朝短命而亡，是因为有“吏不平，政不宣，民不宁之祸”，他歌颂文帝执政以来重视法律制度的建设与改良：“绝秦之迹，除其乱法……除苛解娆，宽大爱人；肉刑不用，罪人亡帑；非谤不治，铸钱者除……罪人有期……所为天下兴利除害，变法易故，以安海内者，大功数十，皆上世之所难及。”（《汉书·晁错传》）这段话的基调，虽然不免于歌功颂德之嫌，但是所说的法律制度改革的内容倒也符合真实。其中涉及的有：废除秦朝遗留下来的乱法；废止了原有法律体系中的苛刻内容，以宽大之心对待民众；废除肉刑，废除株连之法；废除诽谤之法，废除严酷的“盗铸钱币”之法；赋予徒刑以确定的年限……其中的任何一项，都与汉文帝“轻刑爱民”的治国理念相吻合。晁错对汉文帝的这段高度评价，也可以和《汉书•刑法志》的一段结论相互印证：“及孝文即位，躬修玄默，劝趣农桑，减省租赋。而将相皆旧功臣，少文多质，惩恶亡秦之政，论议务在宽厚，耻言人之过失。化行天下，告讦之俗易。吏安其官，民乐其业，畜积岁增，户口浸息。风流笃厚，禁罔疏阔。……是以刑罚大省，至于断狱四百，有刑错之风。”最后一句“有刑错之风”，是说文帝时期的社会秩序良好，触犯法律之禁的人很少，所以，刑罚作为统治的手段，接近于被政府搁置不用了。它与“论议务在宽厚，耻言人之过失”共同构成了描述汉文帝时期吏治政风的经典金句。

汉文帝时期的法律制度改革，是一个持续的过程。如果以截止到汉文帝六年（前 174）作为研究的时间下限，其中最为重要的是，文帝二年（前 178）以皇帝诏书的形式，宣布废除亲属株连之刑、“诽谤法”和“妖言罪”。

株连之刑的立法宗旨，当然是为了加强刑罚的恐怖性，当一个人犯罪之后，不仅要对犯罪者本人给予惩治，还要株连他的家属，这对于制造统治体制的恐怖气氛是非常管用的。以批判专制主义而著称的西方哲人孟德斯鸠，曾经有一句名言，叫作“专制政体的原则是恐怖，恐怖的目的是平静”。在中国古代推行已久的株连刑就带有这样一种特性，不仅以惩治，乃至于从肉体上消灭犯罪者本人为目的，而且要以过当的诛戮和严惩来显示违犯国家法律所造成的恐怖后果。

株连之刑，甚至被统治集团的某些高层人物倚重为震慑人心、维护统治的有效手段。所以汉文帝下诏明确表示要废除株连之刑时，居然受到了左右丞相周勃、陈平等实力派重臣的复奏反对！汉文帝的诏书下达给丞相、太尉、御史大夫，明确表态：“法律，是治国的根本保证，其功能在于禁绝不公、混乱而保卫善人。现在的法律是犯法者本人已被论罪之后，却使他无罪的父母、妻子、兄弟受到株连而被处罚，朕很不赞同这样的法律处置。你们共商一个改变的办法。”左右丞相周勃、陈平回奏：“父母、妻子、兄弟受犯罪者的牵连而被法办，之所以如此规定就是要加重他们对犯罪的心理顾忌，使他们不敢轻易地触犯法律。亲属受株连入刑的治理之道，其来源是很久远的。按照我们的愚见，以为还是按照原有的办法做更为合理。”面对这样貌似委婉的反对意见，文帝再次下诏反驳：“朕闻之，法律具备正义则民众温顺，判罪做到罪刑相当则民众服从。况且统治民众而将他们导向善良的方向，是官吏的职责所在；对于百姓既不能正确引导，又以不正之法加以惩治，这实际是国法反而有害于民，这是国家法律在制造不公和混乱啊。朕未见旧制有何稳便,你们理应重新计议此事。”周勃、陈平等人看到文帝的态度如此坚决，才不得不表示:“臣等谨奉诏，全部废除株连亲属的相坐之法。”（《汉书·刑法志》）在这两个轮次的君臣讨论中，汉文帝的立法和执法观念显然比周勃、陈平等人要理性得多。他认定国家法律的一个重要职责是保护善人，如果国家制定的法律使得没有犯罪的人因亲属犯罪而株连入刑，这样的法律就是恶法，就必须予以废止。由此来看，汉文帝的法律观点，确实具有远见卓识，周勃、陈平等执政大臣维护株连刑的守旧观念，远远落后于文帝。

汉文帝在讨论废除株连刑的过程中，能够坦承国家的法律体系之内存在着“不正之法”，如果不加以废止，国家就是以不正之法来迫害民众，这是害民之法。一位古代的皇帝能够从这个角度上认识问题，太值得后世人给予尊重了。另外汉文帝还提出了一个执法审案的原则，叫作“罪疑者予民”（《汉书·刑法志》），它的意思是，假设某个人可能是某个案件的涉案者，甚至可能就是作案人，但是在证据不足的时候，宁可按照无罪给予赦免。这与“疑罪从无”的执法原则是高度一致的。直到现在,“疑罪从无”

依然是讲究法治的国家坚持的一个原则。汉文帝能够提出这样的执法原则，实在是太有超前的价值了。

汉文帝废除“诽谤法”和“妖言罪”，意义更为重大。皇帝下诏:“古之治天下，朝有进善之旌，诽谤之木，所以通治道而来谏者也。今法有诽谤、訞言之罪，是使众臣不敢尽情，而上无由闻过失也。将何以来远方之贤良？其除之。……自今以来，有犯此者勿听治。”(《汉书·文帝纪》）这道诏书，集中体现了文帝思想的开明。他把废止“诽谤法”“妖言罪”与广开言路联系在一起，明确指出只要有这样的法律罪名存在，群臣就不敢尽情说出内心真实的想法，皇帝也就无从听到批评性的言论，也就无从得知自己的过失，也就无从得到真正的贤良之人作为治国的辅佐。总之，言路堵塞，就无法成为明君，也不可能治理好国家。生活在公元前 2 世纪的皇帝，能够把控制言路的法律之弊端看得如此透彻，不得不承认，汉文帝的法律观念确有其超前之处。

“诽谤法”和“妖言罪”，毫无疑问属于思想言论罪。我们在这里以“诽谤法”的废除为例，对其意义和影响加以分析。

在古代专制政体之下，任何违背君主意旨的言行，都可能被处以重罪。臣子即便是出于社稷大计的考虑，对君主的过失给以善意的批评和劝谏，也有可能触怒君主，招致杀身之祸。深谙其中利害的战国思想家韩非，就把向君主进谏形象地比喻为“逆鳞”。

臣子对君主直言进谏，有可能要付出生命的代价。因此，才有“伴君如伴虎”之说。臣子的进谏，如果被君主认定为是“善意”的，那么，“纳谏”或是“拒谏”还在两可之间；不幸被定性为“恶意”的，进言者就要大难临头了。而“善意”与“恶意”的判识，完全操于君主之手，臣子只能接受命运的作弄了。由此可见，“诽谤”之法从根本上说来，是专制君主控制思想的利器，也是冤狱从生的渊薮。

汉人多指“诽谤”之法为秦人所造，且为害民覆国之暴政。“诽谤”罪名的存在，直接造成了群臣不敢直言进谏的思想压力，导致上下悬隔的局面。为国家筹划长远大计的人，敢于对朝廷决策失误挺身进谏的人，可以被裁定为“妖言”“诽谤”，秦末的智者只好三缄其口，坐视国家覆亡了。

入汉以来，对“诽谤”之法的立法宗旨和社会效果，多有批评之声，已见上述。特别是汉高祖刘邦以沛公的身份初入关中，宣布废除秦朝苛法之时，把“诽谤者族”列为秦法酷苛的典型而予以谴责，从一般情理而言，“诽谤”之法理应首先被废止。事实却不然。汉兴之初，虽有废除秦酷苛之法的虚名，但是，秦朝镇压政治犯罪的重刑苛法，其实被完全继承下来了。在令人恐怖的“夷三族之令”中，就潜藏着对犯“诽谤”之罪者法外施刑的规定。这是一个有趣的政治现象：当刘邦以造反者的身份出现时，他批判、揭露“诽谤”之法的弊端；但是当他成为开国皇帝的时候，却不事声张地沿用了“诽谤”酷法。合理的解释只能是：专制皇帝实在是太喜爱“诽谤”之法了！

明令废止“诽谤法”，不仅是汉文帝的重要德政，而且是他统治开明化的法律体现。“除诽谤”与此后的“去肉刑”两项标志性的法律改革，为他赢得了“德厚侔天地，利泽施四海”(《汉书•韦贤传》)的声誉。令人遗憾的是，汉文帝废除“诽谤法”的开明之举，到汉武帝时期却出现了重大的历史倒退，“诽谤法”不仅被悄然复活，而且变本加厉。分析文帝和武帝在立法、执法领域的变化，我们不得不感叹文帝确实不失为开明皇帝。因为这超出了本书的自设时间断限，我依然用“延伸阅读”的体例，给感兴趣的朋友提供如下阅读内容。

延伸阅读之七

汉武帝时期所见“诽谤罪”及“腹诽罪”

汉武帝时期，号为“盛世”。但是，恰恰在这一阶段，“诽谤法”不仅复行于世，而且更为酷烈。史称：“自公孙弘以《春秋》之义绳臣下取汉相，张汤以峻文决理为廷尉，于是见知之法生，而废格沮诽穷治之狱用矣。其明年，淮南、衡山、江都王谋反迹见，而公卿寻端治之，竟其党与，坐而死者数万人，吏益惨急而法令察。”其中的“废格沮诽”之意，张晏注释为：“官有所作，废格沮败诽谤，则穷治之也。”如淳进一步说明：“废格天子文法，使不行也。诽谓非上所行，若颜异反唇之比也。”(《汉书·食货志下》)准此，以公孙弘、张汤的任职时间和淮南王刘安“谋反”事发为线索，可以考出复行“诽谤”之法的大致时间：中大夫张汤为廷尉，在元朔三年（前126）；御史大夫公孙弘为丞相，封平津侯，在元朔五年（前124）；淮南王刘安之狱发生在元狩元年（前122）。那么，元朔六年（前123）应该就是“诽谤”之法复行之时。上距汉文帝二年（前178）明令废止“诽谤”之法的时间为55年。

汉武帝复行“诽谤”之法，几乎使耿直敢言的名臣汲黯惨遭灭族之祸。汉远伐大宛得千里马，汉武帝亲自作歌以纪其盛，并且作为宗庙祭祀之用。歌诗曰：“天马来兮从西极，经万里兮归有德。承灵威兮降外国，涉流沙兮四夷服。”中尉汲黯进曰：“凡王者作乐，上以承祖宗，下以化兆民。今陛下得马，诗以为歌，协于宗庙，先帝百姓岂能知其音邪？”上默然不说。丞相公孙弘曰：“黯诽谤圣制，当族。”(《史记·乐书》)汲黯虽然侥幸蒙恩保全，但公孙弘之言明确无误地表明，此时的“诽谤”之罪，依律当判灭族重刑，与秦始皇之制完全相同。

汉武帝时期的“诽谤法”，较之秦始皇时代变本加厉，主要表现在“腹诽”之罪的出现。

“腹诽”正式作为罪名而出现,是在大农(官名)颜异受诛之时。

汉武帝与张汤合谋制造了白鹿皮币，向颜异征求意见，颜异提出了不同看法，武帝不悦。张汤本来就与颜异有矛盾，及有人举告颜异发表异议，武帝让张汤审理颜异一案。于是，有了如下的记载:“(颜)异与客语,客语初令下有不便者,异不应,微反唇。(张)汤奏异当九卿见令不便,不入言,而腹诽,论死。自是之后,有腹诽之法，以此而公卿大夫多谄谀取容矣。”(《史记·平准书》)

以“诽谤”之法制裁人，至少受害者还需要有发表批评言论的“不法行为”被确认，而“腹诽”之法，则完全可以出自统治者的主观臆断，不需要任何客观证据，执法的随意性空前增加，为枉法杀人开启了方便之门。无法确切定义的“微反唇”之类的面部表情，都可以作为“腹诽”定罪的依据，专制君主自然可以把臣民的生死置于绝对控制之下。从“诽谤”到“腹诽”的立法转变，形象地展示了汉武帝时代君主独裁制度的强化过程。

3. 由“张释之执法”看循吏政风

汉文帝三年(前177)，张释之被任命为廷尉。这对于观察官场政风，是有意义的一件事。

廷尉，是秦汉时期的朝廷九卿之一，是掌管刑律之事的最高司法长官。秦朝时的名臣李斯就是由廷尉而被晋升为丞相的。由此可以想见，廷尉是何等重要的一位朝廷大员。

张释之在担任廷尉期间，始终坚持尊重国法的权威性，甚至当皇帝的旨意和国法的规定出现矛盾的时候，他也出于专业大法官的角度，坚持以国法作为判案的依据。时人以“执法平”作为对张释之的高度评价。

张释之的仕途并非一帆风顺，曾经有过多年官场蹉跎的经历，以至于他一度准备退出官场。后来有一个特殊的机缘，张释之获得了与汉文帝近距离接触谈话的机会。文帝给他提出的对话标准是：“卑之，毋甚高论，令今可施行也。”由此可见汉文帝的务实政风。他不要高谈阔论，而要切实可行的建议。“于是释之言秦汉之间事，秦所以失而汉所以兴者久之。文帝称善”（《史记·张释之冯唐列传》），由此得到汉文帝的赏识和信任，张释之也就进入了官场提拔的快车道。根据上面的说法，张释之引起汉文帝关注的谈话内容是秦汉兴亡之事，可以猜测张释之也是留意历史镜鉴的人，估计他的政见和史论与贾谊等人或许比较接近。

张释之坚持以法断案，有几个事例。其中影响最大的是“行人惊扰皇帝车驾”一案。如何看待法律与皇帝诏旨之间的关系，汉代一直存在着以酷吏、循吏为代表的两种不同观点的对立。如下一段文字，是熟悉秦汉史的人耳熟能详的：“（杜）周为廷尉，其治大抵放张汤，而善候司。上所欲挤者，因而陷之；上所欲释，久系待问而微见其冤状。客有谓周曰：‘君为天下决平，不循三尺法，专以人主意指为狱，狱者固如是乎？’（杜）周曰：‘三尺安出哉？前主所是著为律，后主所是疏为令，当时为是，何古之法乎！’”（《汉书·杜周传》）这里的“三尺法”就是指国家的法律。杜周之说，集中代表了酷吏唯皇帝之命是从的执法思想，把皇帝的诏令当作国家法律的直接来源，将诏令的法律效力置于国家法律之上，身为执法官则甘当皇帝的鹰犬。这样的理念，确实可以得到皇帝的青睐，酷吏的得宠在很大程度上受益于此。然而，问题在于，这样的观点是否代表了当时执法观点的主流？答案应该是否定的。

得到主流舆论肯定的观点是：对国家有责任感的执法官员，首先要尊重和维持法律的尊严，面对法律与君主旨意相冲突的场合，执法官员不可曲法以迎合皇帝。

被尊为汉代执法良吏的张释之，在这一方面做出了表率。汉文帝出行，有一人无意中惊扰乘舆马匹。文帝使人捕之，押送廷尉张释之审判。不久，张释之奏报审案结论：按照“犯跸”之法处以罚金。汉文帝大怒：“此人亲惊吾马，吾马赖柔和，令他马，固不败伤我乎？而廷尉乃当之罚金！”张释之从容解释：“法者，天子所与天下公共也。今法如此而更重之，是法不信于民也。且方其时，上使立诛之则已。今既下廷尉，廷尉，天下之平也，一倾而天下用法皆为轻重，民安所措其手足？唯陛下察之。”（《史记·张释之列传》）至此，汉文帝也不得不承认张释之是依法断案。张释之的“执法观”有两点最为重要：其一，法律是天子与天下人共同拥有、应该共同遵守的；其二，廷尉作为最高的专职司法官，一旦经手案件，就只能依法办事，而不能顺从皇帝个人的意旨。张释之在要求皇帝尊重执法官的独立办案权力上，无疑走在了当时人的前列。

汉文帝任用“执法平”的张释之为廷尉，不是一个孤立的现象。汉文帝一贯重视吏治建设，特别注意推行“循吏政治”，这一点，尤其值得我们关注。对执法宽平的推崇和褒奖，是文帝时代官场的主流舆论。一批以执法宽平为其标志的官员，被奉为吏治的楷模。张释之就是“循吏”的杰出代表。

《史记》和《汉书》各立循吏传，成为后世“正史”的标准范本，对此早有学者予以重视和研究。特别是余英时的名文《汉代循吏与文化传播》，更是得到了广泛好评。值得注意的是，关于“循吏”概念的变迁，余英时设专节加以讨论。他的结论是：“司马迁所谓‘循吏’是指文、景时代黄老无为式的人物。”“‘因循’两字即是《史记》‘循吏’之‘循’的确诂。”（余英时：《汉代循吏与文化传播》，见其著《士与中国文化》，155页，上海，上海人民出版社，

1987）此说固有新意，但依然还有可以从容讨论的余地。在我看来，《史记》和《汉书》的“循吏”概念即便有些许差异，但在根本之处是相互一致的：循吏的主要特征是在国家法律与“人情”之间维持着微妙的平衡。唐代学者颜师古的一个解释最为妥当：“循，顺也，上顺公法，下顺人情也。”（《汉书·循吏传》颜师古注。《史记索隐》对“循吏”的解释是：“谓本法循理之吏也。”亦有相通之处。）这一解释与司马迁的“循吏观”有着内在的一致性。《太史公自序》自言《循吏列传》的著述缘由：“奉法循理之吏，不伐功矜能，百姓无称，亦无过行。”《史记·循吏列传》开篇称：“法令，所以导民也；刑罚，所以禁奸也。……奉职循理亦可以为治，何必威严哉？”余英时先生也征引过这两段文字，但没有深加考究。我认为，“奉法循理”与“奉职循理”实在是理解“循吏”概念的关键。其中的“奉法”与“奉职”同义，是指居官者以遵行法律为职责所在；而“循理”则是指顺守人情之理。司马迁两论循吏，都是在“法令”“百姓”的语境之中讨论问题的，恰恰可以证明颜师古的注释深得司马迁“循吏观”的要义。与“酷吏”相对照来理解“循吏”无疑是可取的思路。如果有人把两类官吏的区别表述为执法的“酷重”和“从轻”，恐怕未得确解。应该说，是否重视“执法平”，才是两者之间的分水岭。酷吏唯君主命是从，把国家的法律视为贯彻君主个人意旨的工具，为此，他们不惜曲解法律，出入人罪，轻重由己，而完全不顾及“人情”——这是酷吏执法给人以“酷重”印象的真正原因。循吏则致力于维持法律自身的尊严和稳定，并且在执法过程中尽量兼顾合乎人情——这同样是循吏有“轻刑”之誉的原因。

汉文帝时期，“循吏”之风成为官场的主流，有助于社会的稳定，有助于吏治的清明，也有助于朝廷收拢民心。

对汉文帝治国理政的总体评价，当代大学者钱穆先生有如下一段论断：“文帝以代王入主中朝，诸王在外者，非其长兄，则其伯叔父。廷臣皆高祖时功臣，封侯为相，世袭相承。文帝即由廷臣所立，强弱之势，难于骤变……然文帝以慈祥恺悌默运于上，二十三年之间，而中央政府之基础日益稳固，外有以制诸侯，内有以制功臣，则文帝之贤，又岂仅于慈祥恭俭而已哉！”（钱穆：《秦汉史》第二章“汉初之治”）我很服膺钱穆先生的判断，愿意借用过来，作为这本小书的结束语。

图书在版编目（CIP）数据

西汉朝廷“大洗牌”：汉文帝入继大统前后的政治博弈 / 孙家洲著. --北京：中国人民大学出版社，2020.6

（中华历史小丛书）

ISBN 978-7-300-28223-7

Ⅰ.①西…　Ⅱ.①孙…　Ⅲ.①中国历史-西汉时代　Ⅳ.①K234.1

中国版本图书馆 CIP 数据核字（2020）第 105193 号

中华历史小丛书

西汉朝廷“大洗牌”

——汉文帝入继大统前后的政治博弈

孙家洲　著

Xi Han Chaoting “Da Xipai”

出版发行	中国人民大学出版社		
社　　址	北京中关村大街 31 号	**邮政编码**	100080
电　　话	010-62511242（总编室）		010-62511770（质管部）
	010-82501766（邮购部）		010-62514148（门市部）
	010-62515195（发行公司）		010-62515275（盗版举报）
网　　址	http：// www. crup. com. cn		
经　　销	新华书店		
印　　刷	北京联兴盛业印刷股份有限公司		
规　　格	148 mm × 210 mm　32 开本	**版　　次**	2020 年 6 月第 1 版
印　　张	6.875　插页 3	**印　　次**	2020 年 11 月第 2 次印刷
字　　数	121 000	**定　　价**	39.80 元